MARIE DELORME

Une Maison bien tenu

Conseils

aux Jeunes Maîtresses de Maison

Librairie Armand Colin

Paris, 5, rue de Mézières

Une Maison
bien tenue

A LA MÊME LIBRAIRIE

Coulommiers. — Imp. PAUL BRODARD. — 163-1001.

MARIE DELORME

Une Maison bien tenue

Conseils
aux jeunes maîtresses de maison

Librairie Armand Colin
Paris, 5, rue de Mézières

1901

AVANT-PROPOS

Il y a trois mille ans, un roi, magnifique et puissant, Salomon, fils de David, grand poète et profond philosophe, s'écriait :

« Qui saura jamais trouver une femme forte? Elle est plus précieuse que les rares merveilles apportées des confins de l'univers! »

Alors, cette femme incomparable, il nous la montre dans son intérieur, « où règne une loi de douceur et de justice ». Il dit ce qu'elle est pour son mari, pour ses enfants, pour sa patrie même, car « son époux est illustre quand il siège dans les conseils aux portes de la ville ». Il vante ses riches tentures de tapisserie, ses vêtements de lin et de pourpre et cette main habile et ferme qui « sait mener à bien les rudes tâches et guider le fuseau agile ».

Il nous dit encore, au logis, « sa lampe qui brûle pendant la nuit pour éclairer son labeur », et, au dehors, la vigne qu'elle a plantée, le champ qu'elle a acheté du fruit de son travail ». Il termine enfin ce long et glorieux éloge par ces paroles d'une sublime simplicité :

« Ses enfants se sont levés et l'ont, devant tous, proclamée heureuse! Son mari s'est levé à son tour, et lui a dit:

« — Beaucoup de filles ont amassé des richesses, mais « vous les avez toutes surpassées.

« La grâce est trompeuse et la beauté est vaine. La femme « qui craint le Seigneur est celle qui sera louée.

« Que les biens qu'elle a gagnés lui appartiennent et que « ses propres œuvres la louent dans l'assemblée des Juges[1]! »

Mes lectrices, sans exception, je le suppose du moins, admirent « la femme forte » et voudraient lui ressembler.

____

1. Salomon, *Les Proverbes*, chap. XXXI.

Il y a pourtant des natures qui ne se sentent aucune vocation pour le rôle de *femme forte*.

« La femme forte! dira Mlle A..., à quoi ça peut-il bien ressembler? Je ne me l'imagine qu'avec de gros souliers, des mains rouges, un chapeau à la mode d'avant-hier, une robe taillée comme dans un sac.

— Oh! la femme forte! s'écrie Mlle B... N'en parlons pas, voulez-vous? Ni art, ni poésie, ni esthétique, ni musique! En revanche, des livres de ménage à n'en plus finir, un gros trousseau de clefs en poche et même, *horror!* un manche de casserole en main!...

— La femme forte!... soupire Mlle C..., c'est très beau, certainement... mais c'est si difficile!... Et ça doit être si fatigant! Il faut vraiment une santé à toute épreuve... et puis des aptitudes particulières, et puis... ça n'est pas très féminin. Pas ombre de grâce, de charme, de fantaisie...

— Nous deviendrons « femmes fortes » quand nous serons mariées, disent Mlles D..., E..., F..., mieux intentionnées, mais, au fond, tout aussi rebelles. Vous nous parlez trop tôt de ces choses-là! Pour l'instant « maman » se charge d'être la femme forte de la maison. Il y en a assez d'une!

« D'ailleurs, comment voulez-vous qu'à nos cours de dessin, de pastel, d'aquarelle, de peinture, de piano, de chant, de diction, etc., etc., etc., qu'aux visites, aux réceptions, aux courses dans les magasins, aux petits chapeaux à chiffonner, aux petites robes à essayer, aux petits corsages à froufrouter, nous ajoutions encore le souci d'être des femmes fortes? Nous voyez-vous « venant de loin, « chargées de provisions comme un vaisseau marchand », ou encore « distribuant les tâches à nos serviteurs », ou encore « observant dans la maison jusqu'à la trace des pas! »

Et pourquoi non?

J'en connais qui le font, et ne s'en trouvent point plus mal.

Et puis, ne savez-vous pas voir que « maman » vieillit un peu tous les jours? Sa taille épaissit, sa démarche s'alourdit, ses yeux se creusent, les soucis dessinent sur son front

des lignes fugitives qui, demain, seront des rides. Sa voix
sonne moins joyeuse, son geste est moins vif, sa marche
moins rapide... N'est-il pas grand temps que vos jeunes
épaules se chargent d'une part de son fardeau?

Tout le monde y gagnera, vous les premières; le devoir
accompli apaise si bien le cœur et l'esprit!

Vous vous sentirez meilleures et serez grandies à vos yeux
en devenan' un membre utile à la famille.

On vous a répété sur tous les tons que vous étiez le
charme du foyer, la fleur qui le parfume, le rayon de
soleil qui l'éclaire, l'oiseau chanteur qui l'égaie, etc.

Oui, vous êtes tout cela; mais vous êtes plus et mieux.

Vous êtes de futures épouses, de futures mères. Un
jour — très rapproché peut-être, — reposera sur vous aussi
le poids des grands devoirs : un mari à aider dans ses
courageux efforts pour fonder une famille, l'honneur du
nom à garder, le patrimoine à créer ou à conserver, les
enfants à élever, le mal à écarter, le bien à répandre
autour de vous. Il vous faut arriver armées pour cette
bataille de la vie, et où apprendrez-vous l'usage de vos
armes, si ce n'est à la maison, e   côtés de votre mère?

Les grandes choses sont faites de petites, l'océan de
gouttes d'eau, la mine de parcelles de minerai, la moisson
d'épis. De combien de petits détails se composent la direction d'une maison bien ordonnée, vous ne vous en doutez
peut-être même pas!...

Un exemple... Vous vous asseyez à la table de famille;
vous mangez distraitement, ou du bout des lèvres, ce qu'on
vous sert; vous vous plaignez si les sauces sont trop claires
ou la viande un peu coriace. Savez-vous seulement comment on a apprêté les mets, ce qu'ils ont coûté, pourquoi on
les a choisis de préférence à d'autres, ce qui fait qu'ils sont
manqués ou réussis, ce qu'on a dû prévoir, dépenser, pour
cette simple question du repas, depuis le classique pot-
au-feu jusqu'aux chatteries du dessert, depuis la serviette
qui essuie vos lèvres jusqu'à la lampe qui vous éclaire, au
feu qui vous chauffe, à la boisson qui vous rafraîchit?

Vingt, trente individus ont contribué à votre bien-être;

il a fallu les aller trouver, leur faire des commandes, les payer, les utiliser, en tirer le meilleur parti possible. — Et l'alimentation n'est qu'un des chapitres de l'économie domestique! Tous les autres ont réclamé leur part de temps, de soins, de préoccupations, pour être menés à bonne fin.

C'est à cet ensemble de travaux qu'une maîtresse de maison vraiment digne de ce beau nom consacre une bonne part de sa vie. C'est de ces choses que je voudrais m'occuper avec vous.

Sous la rubrique *Économie domestique*, foisonnent maintenant les indications et les recettes de ménage. Les journaux de modes en remplissent leurs colonnes, les almanachs en sont bourrés; on en trouve même sur les sacs de l'épicier. Mais que de choses autres à dire!

Nous traiterons de la tenue d'une maison en général, de la conduite à suivre dans telle ou telle circonstance : réceptions, déménagements, départ, etc.

Sans nous attacher aux questions de modes, — qui passent, — nous nous occuperons de ce qui demeure et ne varie guère : l'ordre, l'économie bien entendue, les divers approvisionnements, la direction des domestiques, etc.

Ayant habité Paris, la province, les grandes villes, les petites villes, et même la campagne, nous connaissons la vie pratique sous bien des aspects différents et l'expérience nous a enseigné cette vérité que, dans toutes les situations, on se tire d'affaire avec de l'énergie, de la bonne volonté, de l'intelligence et du dévouement.

Ces excellentes qualités, nos lectrices les possèdent, nous n'en doutons pas, et aussi une aimable bienveillance dont l'auteur leur réclame une petite part pour son œuvre.

Château de la Villeneuve-en-Louannec, 25 mars 1901.

UNE
MAISON BIEN TENUE

CHAPITRE I

La maison

En ce début de siècle, beaucoup de locutions qu'employaient nos parents ont disparu, si démodées que lorsqu'on s'en sert il semble que l'on porte le chapeau de sa grand'mère.

D'autres ont résisté au courant : on dit encore — spérons que l'on dira toujours : — une bonne famille, une bonne maison, une maison bien tenue.

Les trois termes, d'ailleurs, ne vont pas l'un sans l'autre. Les « bonnes familles » font les « bonnes maisons », et les « bonnes maisons » sont des « maisons bien tenues ».

Toutes les femmes, à peu près, grandes dames ou petites bourgeoises, mères de famille, filles ou sœurs dévouées dirigeant l'intérieur d'un frère veuf ou de vieux parents, sont appelées à « tenir une maison ». Vécût-on seule, dans deux chambres, et sans domestique, encore faut-il créer et maintenir autour de soi cette netteté, cet ordre, qui contribuent pour une si large part à la dignité de la vie.

Je ne crains donc pas d'aborder avec mes lectrices une série de causeries qui nous entraîneront dans des détails très familiers, très inélégants. Les femmes éthérées de 1830 sont, Dieu merci ! passées de mode, elles aussi. Les femmes, les jeunes filles de notre temps se font une idée plus haute de leur mission en ce monde.

L'esprit ouvert par une éducation plus large, elles savent que rien n'est à dédaigner de ce qui fait le bien-être de la famille, la paix de l'intérieur, la prospérité et l'honneur de « la maison ».

Elles me suivront donc — je voudrais l'espérer — sans trop d'impatience ou d'ennui dans la tâche ardue que j'ai entreprise pour elles...

*
* *

Une *maison bien tenue* demande tous les jours, toutes les semaines, tous les mois, tous les trimestres, une certaine série de travaux, concernant la mise en ordre, la propreté, etc.

Ils sont nombreux, ces travaux, et — ayez le courage de l'entendre, puisque j'ai celui de vous le dire — incessants.

Se lancer de loin en loin dans des rangements éperdus, dans des nettoyages à grand orchestre, crier après ses domestiques, remplir le logis de fracas et de poussière pendant vingt-quatre heures, sauf à tout laisser retomber ensuite dans le désordre et la négligence, ce n'est pas là le chemin qui mène à « une maison bien tenue ».

En quelques jours, les habitudes d'incurie ont fait leur néfaste besogne : chiffons, livres, ustensiles de travail, menus objets de toilette, s'entassent à nouveau dans tous les coins, et même hors des coins, et l'on geint, et l'on récrimine, et l'on répète avec l'accent du plus profond découragement, ou de la plus véhémente indignation, suivant les caractères et les tempéraments : « Il est impossible de tenir cette maison propre ! »

Si la ménagère, riche ou pauvre, jeune ou vieille, qui s'exclame ainsi, réfléchissait un peu, elle remarquerait que « cette maison » est mal dit ; c'est « ma maison » qui serait le terme approprié. Or, s'écrier : « Il est impossible de tenir *ma* maison propre », c'est faire un humiliant aveu.

Les femmes qui s'occupent de leur intérieur journellement, de façon continue, exacte, réglée, n'ont point de reproches de ce genre à se faire, et si la maladie, hôte douloureux et encombrant, un voyage imprévu, un événement de famille, viennent momentanément troubler l'ordre établi, quand le pli est pris, quand le fond est bon, quelques jours suffisent pour ramener la maison à sa bonne tenue coutumière.

Avant d'entrer dans le détail des labeurs domestiques, j'ouvre une courte parenthèse.

Mes lectrices appartiennent à des milieux fort divers. Les unes vivent à la ville, dans des appartements étroits, avec un service plus ou moins nombreux ; d'autres mènent la large vie de campagne, avec beaucoup d'espace, mais un personnel moins bien stylé et des arrangements d'intérieur tout différents. Telle famille n'a qu'une « bonne à tout faire », telle autre a trois, quatre, cinq, dix serviteurs ; les dernières étant en nombre très restreint, nous n'avons à nous en occuper que d'une manière générale. Nous supposerons donc une condition *moyenne, à la ville*, sauf à ajouter pour les *ruraux* un supplément d'informations.

****

Les soins d'hygiène et de propreté doivent entrer en première ligne dans la bonne tenue de la maison. Malheureusement dans bien des intérieurs, ils sont mal compris ou négligés. Il faut en faire le triste aveu : trop de provinces en France sont encore vouées, sous ce rapport, à la plus lamentable ignorance, et comme c'est, pour la très grande majorité, à la campagne que se recrute le personnel des serviteurs, hommes et femmes, ils apportent avec eux des habitudes prises dès l'enfance et tellement invétérées qu'on ne parvient presque jamais à les extirper. Pour peu que la maîtresse de maison soit molle ou insouciante, les domestiques retombent dans leur péché d'accoutumance : la poussière, les détritus, s'amassent partout, les taches de graisse étendent leur lèpre sur tous les meubles, une crasse noirâtre s'attache à tous les ustensiles, et cette odeur écœurante qui est le parfum des maisons mal tenues nous prend à la gorge dès l'antichambre.

Parfois, j'en conviens, la jeune maîtresse de maison a des excuses à faire valoir pour son défaut de surveillance : une vie très occupée, une santé détraquée, des enfants malades, ou tout simplement la crainte des changements de domestiques, la peur de mécontenter une fille, capable d'ailleurs, qui ne vole point, ne boit point, ne court point, et, fière de ces vertus négatives, tient la dragée haute à une jeune femme timide.

La pratique de la vie exige assurément nombre de compromis de ce genre. Le dicton « entre deux maux il faut choisir le moindre » y trouve bien souvent son application, mais — et c'est là la grande affaire des chefs de famille — comment discerner « le moindre mal » ?

Le « moindre mal », dans les cas présent, est celui qui entraine le moins de conséquences fâcheuses pour la maisonnée. Avant tout, quand il s'agit de tenue de maison, doivent passer l'hygiène et l'ordre. L'une et l'autre sont mis en péril quotidien par l'excès de saleté et de négligence; quand une domestique est absolument incorrigible sur ce point, ayez le courage de vous en défaire.

Il est rare qu'on parvienne à dresser complètement une domestique novice, si elle n'a pas l'*instinct* de la propreté; en revanche, si elle le possède, il est étonnant combien il faut peu de temps et de peines pour lui faire prendre de bonnes habitudes. Nous reviendrons sur ce point au chapitre du « service ».

Il ne faut pas se le dissimuler, le maintien de la propreté dans tout le logis exige beaucoup d'activité de la part de la maîtresse de maison, non seulement comme surveillance, mais comme action directe. Elle ne doit pas craindre de manier souvent le plumeau et la serviette à essuyer, que ce soit pour réparer une négligence ou pour diminuer la besogne d'une domestique surchargée.

J'ai connu — il y a bien longtemps! — une vieille dame qui, lorsqu'une couche de poussière sur la tablette d'un meuble offensait son regard, y traçait du bout du doigt le mot *malpropre*. Alors, ses petites filles se hâtaient d'effacer l'inscription qui les avait fait rougir de dépit... et aussi d'un peu de honte.

Il y a en toutes choses un *plus* et un *moins* qu'on ne peut dépasser, sous peine de tomber dans l'abus.

Sans aucun doute, quand il s'agit de propreté, le *plus* n'est point à redouter. On ne saurait être *trop* propre, mais on peut trop sacrifier à la propreté.

C'est lui trop sacrifier, par exemple, que de tracasser à outrance les domestiques par de méticuleuses recherches, de les accabler de reproches, de multiplier les criailleries, pour une négligence plus ou moins passagère.

Les pères et les maris sont excédés par ce qu'ils appellent des « piailleries de femmes », et ils fuient un intérieur dont la paix est bannie.

Ils sont fort ennuyés aussi quand on veut les astreindre à des habitudes minutieuses et taquines sous prétexte de « ne pas salir » ou de « ne pas déranger ».

Sans doute, il serait plus facile de tenir la maison en ordre s'ils voulaient bien ne pas jeter de-ci de-là mouchoirs, gants, cravates, etc., s'ils étaient assez gentils pour faire toujours tomber dans le cendrier la cendre de leur cigare, si la corbeille à papier recevait toutes les enveloppes déchirées et les bandes roulées en boule; s'ils étaient rangés, exacts, attentifs, tranquilles comme de vieilles nonnes; mais cela ils ne le sont pas, et ne le seront jamais, et (puisque nous sommes entre ious et qu'ils ne me liront pas, je me risque) ils ne ont pas tenus de l'être...

Poussés, tirés, entraînés, absorbés par leurs affaires, leurs travaux, leurs grands devoirs, est-ce qu'ils peuvent, est-ce qu'ils doivent s'enfermer dans le cercle étroit de ces petits soins matériels qui sont exclusivement du domaine de la femme?

Je ne voudrais pas que sous prétexte de propreté on se crût en droit de les taquiner, de les gronder.

Un parquet ciré, des meubles luisants, des tapis bien brossés, sont certainement une belle chose, mais la joie du foyer en est une bien meilleure...

Du domaine des généralités, passons maintenant à celui de la pratique, du « tous les jours ». C'est ici que je fais appel au courage de mes lectrices, car je n'ai rien d'*amusant* à leur conter et l'utile n'est pas toujours l'agréable.

Dès l'aube, même avant l'aube en hiver, le service de propreté commence. On balaie, on époussète, on range l'antichambre, les couloirs, le bureau ou le cabinet du maître de la maison, afin qu'aussitôt levé il puisse s'y installer sans être dérangé dans son travail.

Il faut accoutumer le ou la domestique chargé de ce service à ne jamais détruire ni jeter les papiers qui sont à terre. Un courant d'air peut avoir enlevé des documents importants laissés par distraction sur le bureau ou sur une table sans la protection du serre-papiers. La corbeille de bureau est là pour recevoir tout, absolument tout ce qu'on trouve en ce genre.

En province, où l'on n'a pas de concierges, s'ajoutent à ces travaux le balayage du trottoir, le nettoyage du seuil, celui de la porte, sur laquelle on passe un chiffon mouillé pour enlever les traces laissées par des gamins malfaisants, et le frottage du cuivre des boutons de porte, plaque, sonnette, etc.

On aère largement, en ouvrant toutes les fenêtres; les courants d'air ne sont pas à redouter en pareil cas : leur action salubre débarrasse l'appartement des miasmes et des poussières qui s'y sont accumulés pendant le jour précédent et la nuit.

C'est aussi parmi les nettoyages du matin qu'il convient de placer ceux des vêtements : on bat et on brosse les effets d'homme, on secoue et on brosse les jupons et les robes portés la veille, on cire les chaussures, etc. A la campagne et en province, les larges espaces permettent de faire ces opérations presque à l'air libre sous des hangars ou dans des décharges. Dans les villes, il faut s'ingénier pour que la boue sèche et la poussière ne remplissent pas l'appartement. Ce sont encore les fenêtres ouvertes qui offrent le meilleur moyen de parer à cet inconvénient.

La salle à manger est l'une des pièces à nettoyer en première ligne. Dans beaucoup de familles on a la louable habitude d'y prendre le petit déjeuner du matin, café, thé, ou chocolat : l'hygiène y trouve son compte, car il n'est pas sain ni agréable de manger dans une chambre où l'on a passé la nuit.

Un peu de paresse, le goût du confortable, le désir de diminuer le travail des domestiques, engagent, je le sais, nombre de personnes à se faire apporter le déjeuner sur un plateau dans leur chambre.

Je ne les blâme ni ne les approuve, je constate; — mais, dans tous les cas, qu'on y déjeune ou non, la salle à manger sera nettoyée et mise en ordre dès le matin.

Pendant que ces diverses besognes s'accomplissaient, les maîtres se sont levés, ont fini leur toilette; les chambres sont vacantes : c'est le moment de les « faire » — suivant le terme consacré.

Il semble inutile de dire que *tous les jours* les lits doivent être faits à fond. C'est à peine si j'ose avouer que j'ai connu des maisons où l'on ne faisait les lits que de loin en loin, se contentant de donner un coup de poing au matelas, de tirer tant bien que mal les couvertures et de jeter dessus le couvre-lit.

Faire le lit *à fond*, c'est enlever et retourner les matelas, tirer hors du lit les draps et les couvertures, puis les replacer en bon ordre sans plis, sans *grimaces*.

Tous les jours aussi, les chambres sont balayées, les rideaux secoués; puis on laisse tomber la poussière, et dix minutes après le balayage on essuie les meubles avec un linge fin et doux. Les vieilles housses sont très bonnes pour cet usage; les vieilles serviettes ont l'inconvénient de semer de peluches les endroits où elles passent. Du reste, on fait maintenant à très bon marché des torchons minces en une sorte de canevas de coton, destinés à l'essuyage des meubles. Le plumeau, qui éparpille la poussière au lieu de l'enlever, n'a sa raison d'être que pour les glaces, les cadres, les tableaux, les statues, les livres.

Un domestique bien dressé ne tape pas des coups de plumeau à tort et à travers, au risque de casser ou de renverser les objets. Est-il besoin d'ajouter que lorsque la chambre est *faite*, toute trace de la nuit et de la matinée doivent en avoir disparu? Tout aura été mis en place dans le cabinet de toilette si la chambre en possède un; dans les placards et les tables de toilette, si cet utile local manque à l'appartement. Toute la vaisselle de ces tables est soigneusement nettoyée et essuyée, les serviettes pendues au séchoir, etc.

Beaucoup de jeunes filles, même dans les intérieurs où règne une certaine aisance, font elles-même leur chambre.

C'est là une excellente pratique, aussi hygiénique au moral qu'au physique. Au sortir de la douilletterie du lit, après les ablutions d'eau froide, pour amener la réaction, assouplir et vivifier les muscles engourdis, activer la circulation, développer la poitrine et les hanches, il n'est pas de meilleure gymnastique. La fenêtre ouverte en tout temps laisse entrer un air pur, les poumons se dilatent pour le recevoir, le sang prend une course plus rapide dans les vaisseaux, et le système nerveux, mis en jeu par une action saine, se calme et se fortifie.

Quand une jeune fille de vingt ans a une bonne constitution, c'est un jeu pour elle que de remuer un petit matelas et une brassée de couvertures. En cinq minutes le lit est fait, et bien fait; cinq autres minutes pour les rangements, cinq minutes pour balayer et essuyer, et voilà un quart d'heure très bien employé. Un petit conseil en passant : il vaut mieux, pour tous ces exercices, ne pas avoir mis son corset, qui vous gêne et qu'on déforme. Mais, aussitôt le dernier coup de balai donné, vite! le corset! — c'est un crime de lèse-convenance pour une jeune fille que de sortir de sa chambre en négligé, et la *bonne tenue* de la maison ne va pas sans celle de ses habitants.

J'ai dit que l'hygiène morale profitait aussi de la louable coutume de « faire sa chambre ». D'abord le petit effort que l'on fait sur soi est autant de pris sur l'ennemi — je veux dire la paresse; — ensuite l'exercice forcé auquel on se livre ainsi, en chassant les brouillards dont la nuit a encombré le cerveau, ramène la bonne humeur; et puis le vieux proverbe « comme on fait son lit on se couche » se justifie aisément. Plus de plaintes contre une domestique négligente, plus de récriminations à propos d'objets de toilette égarés ou hors de leur place, plus de retard dans la mise en état de la chambre. On n'aurait à s'en prendre qu'à soi-même si quelque chose allait de travers et c'est une bonne discipline morale : on apprend ainsi à mieux apprécier le travail des domestiques, le temps qu'il leur faut y consacrer, la multiplicité des détails dont ils sont chargés, et les occasions de gronderies et de conflits diminuent.

Maintenant nous allons vous entretenir du salon.

La cuisine trouvera sa place au chapitre du service de la table, auquel elle se rattache étroitement.

Quant au reste du logis, greniers, caves, décharges, cabinets noirs, lingerie, etc., il feront partie de la série des *grands nettoyages*, car il est évident que l'on ne peut, quand on n'a pas un nombreux personnel, et même quand on l'a, fourbir sans cesse la maison du haut en bas et faire promener brosse, balai et torchon dans tous les coins et recoins; ce serait en bannir la paix et le confortable.

Les pièces habitées *tous les jours* doivent être nettoyées *tous les jours*, c'est un précepte de rigueur. C'est là un premier *fond* sur lequel s'établit cette *bonne tenue de la maison* dont nous parlions en commençant et que toutes les jeunes femmes ont à cœur si elles tiennent à la dignité, au bon renom et à la prospérité de la famille.

*
* *

Le nom de *salon*, donné à une pièce vaste et élégante où l'on reçoit les visiteurs en dehors de l'intimité, est d'emploi relativement récent en France. Ce n'est que vers le milieu du xviie siècle qu'on le voit figurer dans la littérature. Un appartement, au temps jadis, ne comprenait guère, en fait de pièces habitées, que des *chambres* et des *salles*. S'il s'agissait d'un palais ou d'un château, il s'y trouvait, de plus, des galeries.

Avec la construction des premiers hôtels, de ces belles demeures, aussi éloignées de la rudesse un peu barbare des habitations féodales que de la mesquinerie prétentieuse des maisons modernes, on voit apparaître le *salon*, moins en longueur que la galerie, plus soigné que la salle ou la chambre.

Le *Dictionnaire de Trévoux*[1] (édition de 1756) dit :

Salon, grande salle élevée et couverte en cintre, ordinairement enrichie d'ornements d'architecture et de sculpture.

---

1. *Dictionnaire de Trévoux*, 8 vol. in-folio publiés au xviiie siècle par les pères Jésuites du collège de Trévoux. C'est une curieuse et intéressante compilation, abrégé des connaissances humaines de l'époque. On y trouve de l'histoire, de la géographie, de la mythologie, de la théologie, de la rhétorique, des sciences naturelles, de l'alchimie, de la médecine et même des pièces de vers!

Grande pièce au milieu d'un corps de logis, ou à la tête
d'une galerie, ou d'un grand appartement, lequel doit être
de symétrie en toutes ses faces. Et, comme sa hauteur comprend d'ordinaire deux étages et deux rangs de croisées,
l'enfoncement de son plafond doit être cintré, ainsi qu'on
le pratique dans les palais d'Italie.

Le mot de salon, en effet, est la forme française du
mot italien *salone*, dérivé de *sala* (salle), avec la parti-
cule augmentative « one » usitée dans cette langue
pour indiquer l'extension au point de vue matériel.

Qu'il y a loin de ces beaux *salons*, dessinés par de
savants architectes, ornés des plus charmantes merveilles que l'art décoratif ait pu produire, éclairés par
de hautes et larges fenêtres versant à flots l'air et la
lumière, aux petites cages qu'une Française de nos
jours encombre de bibelots et enfouit sous de triples
rideaux! Tout y était à admirer : plafonds et vous-
sures, dessus de porte à médaillons, peints par Boucher, Fragonard, Coypel, Vanloo, grands panneaux de
bois délicieusement sculptés, consoles dorées suppor-
tant, sur d'adorables enroulements, les marbres d'Italie
les plus précieux, tapisseries d'Aubusson, de Beauvais,
des Gobelins, tombant en lourdes portières ou cou-
vrant les murs de leur splendide décor, girandoles de
cristal de Venise, torchères en cuivre émaillé, colonnes
de porphyre ou de marbre noir portant des bustes de
Coustou, de Coysevox, et enfin leurs parquets : luxe
évanoui, aujourd'hui disparu avec tant d'autres belles
choses que le progrès a balayées sur sa route semée de
ruines.

O vieux parquets! fils des chênes centenaires, qui
vous connaîtra dans un siècle d'ici? Vos madriers

solides, d'un si beau ton brun foncé, s'entre-croisaient en dessins géométriques, amusement du regard et repos de la pensée. Vos lignes correctes et savantes forçaient l'esprit à une sorte de rectitude et, pour ne pas tomber sur votre surface polie, il fallait savoir marcher, savoir se tenir, savoir aussi offrir la main à une dame en s'inclinant gracieusement sans perdre l'équilibre.

Comme ils nous semblent appartenir à un autre monde, ces nobles intérieurs reproduits par Moreau jeune [1]! Est-il possible qu'on ait pu entrer et sortir par ces belles portes ornées de pilastres corinthiens, se chauffer devant ces vastes cheminées à volutes de marbre, se mirer devant ces trumeaux longs et étroits! Oui, les glaces étaient petites, mais quels cadres les entouraient! Parisiens de nos jours, si fiers du rectangle de vingt mètres carrés que vous appelez « le *grand* salon du premier », allez, si l'occasion s'en présente, visiter quelque vieil hôtel des Flandres ou de Belgique, quelqu'une de ces vastes demeures où une richesse héréditaire a permis de conserver le large bien-être des temps jadis, et, en revenant, mettez une sourdine à votre orgueil!

*
* *

Dans tous les intérieurs — je ne parle que de ceux où règnent la convenance et la régularité, — le salon est une pièce « bien tenue ».

1. Dessinateur célèbre de la fin du xviiie siècle.

Cela est dû à plusieurs causes. D'abord, il est peu
u point habité; ensuite, il est réservé spécialement à
a « montre », au décorum. On n'y reçoit que les visi-
eurs de marque, on n'y travaille guère qu'à des
uvrages de fantaisie, on ne s'y tient pas — au moins
lans la grande majorité des familles bourgeoises, —
·ar la raison et l'économie interdisent d'exposer aux
atigues et aux hasards de l'usage journalier des
meubles fins, des tentures plus ou moins soyeuses,
des tapis aux couleurs fraîches. Un mobilier de salon
est une grosse dépense. Elle ne se renouvelle pas sou-
·ent dans une famille sensée. J'en sais où le même
neuble sert depuis cinquante ans ou à peu près, point
ridicule, parce qu'il était de bon style et de bonne
qualité quand on le fit faire; point trop fané, juste
assez pour être en harmonie avec ses propriétaires. Il
n'eût pas fait telle campagne si deux générations
ussent pris leurs ébats sur son vénérable velours
renat foncé.

. . . .

Ici j'implore d'avance la bienveillance de mes lectrices pour une incursion dans le domaine des théories
amiliales, car celles que je vais émettre choqueront
eut-être bien des idées reçues, — non seulement
·eçues, mais ancrées, cramponnées dans les cervelles
les maîtresses de maison.

Je n'ai point la prétention de changer les mœurs
lomestiques de mon pays — il y en a d'ailleurs que
e trouve excellentes, — mais il y en a d'autres
âcheuses et dommageables au bien-être matériel et
oral du foyer. Telle est, par exemple, la nécessité où
'on croit être d'avoir « un salon! » du moment que

l'on appartient aux classes bourgeoises, à la petite, très petite bourgeoisie même.

C'est la pièce la plus grande, la plus éclairée, la mieux décorée de la maison, que l'on consacre à cet usage. On y entasse des meubles tout battant neufs (qui sont d'ailleurs couverts de housses pendant trois cents jours par an), des bibelots à bon marché, des plantes vertes qui y meurent d'asphyxie et qu'on ne peut renouveler à cause de la dépense, ou de hideuses imitations de ces mêmes plantes qui sont fanées et déteintes en quinze jours. On n'entre dans ce sanctuaire qu'avec mille précautions. Les enfants en sont tenus à distance, le mari ne peut y fumer, ni s'étendre sur un fauteuil. Tous les huit jours, durant quelques heures, Madame, en toilette pimpante ou prétentieuse, se morfond à attendre les visiteurs qui ne viennent pas, ou ne viennent qu'en courant, harassés d'avoir eu à se montrer dans dix salons tout pareils, comptant les minutes, pour reprendre ensuite leur course haletante à travers les « jours ». Si Madame n'a pas eu grand monde, elle est de mauvaise humeur, et son entourage s'en ressent; si elle a eu de nombreuses visites, elle est radieuse, et, la dernière partie, en soufflant les bougies, en baissant la lampe, en éteignant le feu, elle se dit : « Que mon salon est joli! » Et, pour ces quelques secondes d'un plaisir qui lui est tout personnel, la famille, tous les jours, prend ses repas dans une salle à manger étroite et sombre, où l'air et le jour n'arrivent que par une cour intérieure; les enfants sont entassés dans de petits coins où ils peuvent à peine remuer, et, dans la chambre des parents, on a juste la place de se retourner entre le lit, l'armoire et la table de toilette ; mais on a « un salon ! »

Je sais que mes récriminations sont vaines et feront hausser les épaules à bien des gens ; je sais que jamais le *parlour* anglais n'aura sa place dans nos intérieurs français ; je sais qu'on ne refait pas en un trait de plume des habitudes séculaires ; je sais que la race gauloise aime le panache, le décor, la simili-magnificence ; je sais que, dans une nation fortement hiérarchisée depuis des milliers d'années, tout a pris et gardé l'empreinte de ce hiérarchisme : le langage, les vêtements, l'habitation. N'avoir point de salon, c'est descendre — socialement parlant, — et l'on aime tant à monter !... sur le dos des autres.

Et pourtant !... Si l'on pouvait, si l'on voulait connaître quel agrément, quel confortable, quelle aide dans les travaux, donne à la vie de famille l'installation, pour toute la journée, dès l'aube matinale, dans une grande pièce, bien éclairée, sans draperies aux fenêtres, mais non sans ornements — remplie de meubles simples et commodes, une place où le fauteuil de « papa » l'attend au coin du feu quand il a endossé sa robe de chambre et enfilé ses pantoufles, — où la table à ouvrage de « maman » et la machine à coudre fraternisent avec le vieux piano, ami de jeunesse des parents, où le tableau noir, — oui, le tableau noir du polytechnicien en herbe — trouve sa place auprès de la bonne bibliothèque sans prétention, toute chargée de volumes que chacun peut feuilleter quand l'envie lui en prend !

La corbeille aux raccommodages, voilée sous une housse de cretonne fleurie, et les jouets de Toto et de

Totote savent s'abriter dans un coin discret, et dans l'après-midi, quand tout est dans un bel ordre, que le *beau* tapis a remplacé sur la grande table son frère aîné, encore solide en dépit des ans, qu'un bon feu brille dans la cheminée, que le robuste aralia étale ses palmes vertes et l'anthericum ses rubans satinés, dans la lumière claire, le *parlour* fait très passable figure et les bons amis qu'on y laisse entrer s'écrient : « Ah ! qu'on est donc bien et gaiement ici ! »

Dans le nord de la France où les choses de l'intérieur sont très bien comprises, c'est la salle à manger qui sert de *parlour*. C'est toujours, même dans les habitations modestes, une pièce vaste, bien disposée pour remplir cet usage. On lui réserve d'ailleurs, avec grande raison, le côté ensoleillé de la maison. Le salon, froid, guindé, d'un ordre et d'une propreté rigoureusement maintenus, est rarement ouvert.

En province, comme à Paris, et surtout dans les grandes villes, les appartements sont maintenant trop restreints pour que, dans un intérieur modeste, on puisse avoir salon, petit salon, salle à manger et *parlour*. On doit forcément sacrifier une ou plusieurs de ces quatre pièces. Chacun en ceci arrange sa vie comme il lui convient et fait pour le mieux. Mais je ne crois pas qu'au-dessus d'un certain niveau social il existe une seule famille se passant de salon.

J'ai vu, en ce genre, chez de petits fonctionnaires, des prodiges d'ingéniosité, de bon goût et... de savante économie. Ici, je ne critique plus, je m'incline et j'admire. Oui, j'admire tous ces braves gens qui s'imposent de réelles privations pour remplir ce qu'ils croient être un devoir professionnel.

« Il faut bien tenir son rang », disent-ils. Et après tout, pourquoi les plaindre ! Ils sont heureux à leur manière — pas bien sagement peut-être, mais un peu de sagesse de plus ou de moins n'importe pas toujours au bonheur.

Le jour où, après de longs et patients efforts, ils ont ajouté une petite chaise ou une petite table au mobilier maigrelet, rempli un vide désastreux par une encoignure à bon marché, ou accroché une glace de pacotille sur la muraille nue, ils se sentent grandis dans leur estime, et Madame, en pensant à ses folies somptuaires, reprise ses vieux bas avec une indomptable énergie.

*
* *

Nous voilà donc en face d'un salon, grand ou petit, luxueux ou modeste, mais, dans tous les cas, considéré comme un sanctuaire réclamant des soins particuliers.

Quand on possède assez d'aisance pour avoir un appartement comprenant deux salons, on a, nécessairement, un personnel de domestiques assez nombreux pour que l'entretien d'une pièce de plus ne soit pas une grosse affaire. Le *petit* salon sera donc fait *tous les jours*, cela va sans dire, puisque la poussière amenée par la marche des allants et venants, les traces le travail, les bouts de fil et de laine, les chiffons, etc., 'y renouvellent journellement. Le domestique homme u la femme de chambre, suivant les arrangements de 'intérieur, se livre à cette besogne avant le lever de

« Madame », afin qu'elle puisse se tenir dans son salon pendant que l'on fait sa chambre.

Le grand salon est épousseté tous les jours, mais fait à fond c'est-à-dire balayé, brossé, ciré, nettoyé, une fois la semaine. On choisit d'ordinaire pour cette opération la veille ou la matinée du « jour de Madame ».

Nous parlerons dans un autre chapitre des grands branlebas aux changements de saison.

Pour « faire le salon » il faut : ouvrir les fenêtres, relever le bas des rideaux d'étoffe ou draperies tombantes pour ne pas balayer dessus, enlever les tapis non cloués, qui seront battus, brossés ailleurs, réunir au milieu de la pièce les chaises, fauteuils, tables, etc., enfin tous les meubles « volants ». On détache alors les embrasses des rideaux, on secoue ceux-ci légèrement, on époussète leurs plis, leurs draperies, en un mot, on fait partout la chasse à la poussière. Quand elle est tombée, on balaye *doucement* et *soigneusement*, en évitant les coups de balai aux soubassements des meubles et dans les glaces des vitrines.

Après ce balayage minutieux et prolongé, car il ne faut pas « mettre la cire sur la poussière », on cire et on frotte le parquet. Un grand tapis cloué donne beaucoup de confortable et d'élégance à un salon et évite l'entretien onéreux d'un parquet, mais il a l'inconvénient d'emmaganiser la poussière. Un simple balayage ne suffit pas pour l'en débarrasser; il faut un brossage au balai de chiendent.

Avant de remettre les meubles en place, on époussète les glaces, les cadres des tableaux, on essuie les moulures des boiseries et les plinthes, les châssis des fenêtres, les marbres des cheminées.

Dans le nord, où la propreté est une religion qui a son culte, les boiseries, surtout dans les vieux hôtels, sont des chefs-d'œuvre de menuiserie et toujours peintes en gris très clair ou même en blanc pur! On prend des soins inimaginables pour leur conserver une fraîcheur immaculée.

Je sais une maison (la tradition s'y est-elle gardée?) où, il y a vingt ans, on frottait avec une brosse à ongles bien douce, imbibée d'eau de savon, les moulures des portes et des panneaux. Il est vrai que l'envahissement continuel des fumées de houille et de cette odieuse poussière grasse qu'on appelle à Lille du nom expressif de *noirets* rend l'entretien des maisons particulièrement difficile; à Paris et dans beaucoup de villes de France, il n'en est pas de même, heureusement; un essuyage consciencieux au torchon doux suffit pour éviter aux boiseries la nécessité des lavages. L'usage excellent des plaques de glace à toutes les portes prévient aussi le dépôt d'une hideuse crasse aux endroits où les mains se posent pour ouvrir la porte ou la fermer. J'ai vu, dans de vieilles maisons de province où l'on était plus soucieux d'un semblant de propreté que d'une coûteuse(?) élégance, remplacer ces plaques par de larges et laides bandes de peinture noire.

Le salon bien nettoyé, bien rafraîchi dans tous ses coins et recoins, il faut procéder à l'essuyage des meubles avant de les remettre en place; on passe légèrement une brosse douce sur les sièges et dossiers des meubles garnis d'étoffe, une brosse de chiendent (pas trop rude) sur les velours, velours d'Utrecht, peluches, tapisseries, etc. ; on essuie avec soin les pieds, les bras, les panneaux des sièges, les tables, les bahuts, etc. Recommander tout particulièrement l'essuyage du piano, meuble compliqué dont les formes, les ornements sont des nids à poussière. Il en est de même des pieds et bras sculptés des fauteuils, des escabeaux, socles, colonnes, etc.

C'est une besogne qui ne peut être bien faite à la dépêche, en coup de vent, car on manie des meubles fins, des objets fragiles, qu'une maladroite brusquerie peut gravement détériorer.

Une des plus minutieuses et périlleuses tâches de celui qui fait le salon, c'est le nettoyage des bibelots. La plupart sont, suivant la vieille expression, des *ramasse-poussière*. Comment exiger d'un serviteur pressé d'ouvrage qu'il passe un temps considérable à essuyer ces hochets délicats, à les déplacer, à les replacer en bon ordre, au risque de les briser ? Il est très rare d'avoir une femme de chambre ou un domestique assez patients, assez sûrs, pour qu'on puisse les charger de ce service sans inconvénients graves.

Les maîtresses de maison qui ont le goût des bibelots doivent se résoudre à sacrifier une part de leur temps au culte de leurs idoles et se réserver complètement le soin de leurs vitrines, de leurs étagères, de tout ce qui encombre les tables, les murs, la cheminée, le piano.

A elles aussi appartient le soin des plantes vertes, charmant luxe qui jette une note si aimable dans le concert des élégances modernes, mais qui se paye, comme tous les luxes, avec du temps et de l'argent.

Ces pauvres plantes, passant de l'atmosphère tiède et humide des serres dans l'air chaud et poussiéreux de nos salons, y sont bien vite asphyxiées. Le balayage augmente encore leurs infortunes ; il faut donc, sous peine de les voir périr, les soustraire à son influence néfaste, si elles sont transportables, ou ne pas attendre trop longtemps pour les débarrasser de leur poussière.

Ai-je besoin de rappeler qu'on lave, avec une éponge douce imbibée d'eau, les plantes à feuillage *lisse et dur* : palmiers, aralia, aspidistra, anthericum, dracœna, caoutchouc, etc., mais que les bégonias, coleus, géraniums, etc., ne supportent pas le contact de l'eau quand ils ne sont pas à l'air libre; on les époussète avec un plumeau très léger, et on bassine leur feuillage à l'aide d'un pulvérisateur.

Il y a des maisons où, le salon une fois fait, on couvre de housses tous les sièges grands et petits, pour ne les déshabiller qu'au « jour de Madame ». C'est une méthode qui a ses avantages et ses inconvénients, il n'y a rien d'absolu dans son emploi.

Si le mobilier est très fin, très frais, en bois doré ou laqué, couvert de broderies, de soieries aux teintes claires, et que vous habitiez une ville où il y a beaucoup de poussière ou de fumée de houille, évidemment vos meubles se trouveront bien d'être couverts — et l'on fait de si jolies housses que l'aspect du salon pourra rester encore presque élégant, — mais si le mobilier est fané ou de teinte sombre, recouvert d'étoffes résistantes, à quoi bon faire la dépense de housses, surtout si vous avez la précaution de ne pas laisser les enfants s'ébattre au salon et poser sur les fauteuils leurs doigts englués de confitures ?

Les mobiliers en tapisserie, si répandus aujourd'hui, et avec grande raison, car ils sont d'un excellent effet décoratif, craignent les housses. Sous l'abri de celles-ci, les mites déposent en paix leurs larves meurtrières. Quand on a employé des laines grand teint et de bonne qualité, il vaut mieux ne pas les couvrir.

Pour terminer enfin, disons qu'en hiver le feu doit toujours être préparé de façon correcte dans la cheminée et tout prêt à flamber avec une allumette.

Un feu préparé « correctement » présente — si l'on se chauffe au bois — une bûche de fond, un peu grosse, deux ou trois rondins légers pour le devant, et une poignée de branches sèches disposées sur l'allume-feu ; si l'on se chauffe à la houille, l'arrangement en pyramide de *gaillette* et de *gailleterie* [1] sur du petit bois entre-croisé.

Dans tous les cas, le foyer doit être net de cendres et de débris.

En été, on baisse le tablier de tôle qui cache l'âtre. En province il n'y a guère que les maisons neuves et bien construites qui aient cet utile accessoire. Dans le plus grand nombre des appartements, les cheminées restent béantes ou sont fermées par de hideux « devants de cheminée ». On peut les remplacer par des devants drapés pareils aux rideaux, ou, ce qui est plus joli, remplir la cheminée avec de la mousse, des plantes vertes, des fleurs en pot, formant un massif de verdure.

1. Charbon cassé en morceaux de moyenne et de petite taille

CHAPITRE II

La table.

La table est une des plus grosses, des plus lourdes,
et — pourquoi ne l'avouerai-je pas? car personne ne
me contredira — une des plus désagréables charges
parmi celles qui pèsent sur la maîtresse de maison.
Elle est au commencement, au milieu, à la fin de
chaque journée et encore dans les intervalles. Elle exige
des soins, de la prévoyance, de la dépense, du temps,
des peines, et n'offre en somme que d'assez médiocres
compensations.

Il faut manger pour vivre, assurément, Harpagon
lui-même en convient, et, pour bien vivre, il faut bien
manger, avoir bon appétit, trouver un certain plaisir
à voir et à consommer les aliments.

Dans la vie en plein air et chez les gens voués aux
travaux corporels, l'activité musculaire développant le
besoin impérieux de la réparation, il n'est pas nécessaire de mettre force recherches dans le choix, la préparation, l'aspect des plats; — on mange parce qu'on a
faim, on trouve tout bon, ou l'on ne pense même pas à

se demander si ce qu'on absorbe est bon ou mauvais ;
on a creusé des trous, on les comble et tout est dit ;
mais chez l'habitant des villes, surtout dans les classes
supérieures, chez le savant, l'artiste, l'employé,
l'homme d'affaires, l'homme de bureau, l'homme de
plume, le sédentaire, l'intellectuel, le névrosé, hélas !
chez la femme surmenée par le monde, le travail, la
maternité, les soins de la famille, le besoin de réparation, s'il existe, ne se fait plus sentir de la même
manière ; au lieu d'amener avec lui la satisfaction, il a
pour escorte les dégoûts, les caprices, la fantaisie, et la
pauvre maîtresse de maison n'entend que reproches et
lamentations. C'est à force de raffinements ingénieux
pour donner bonne mine aux mets, bonne façon au
service de la table, qu'elle parvient à réveiller l'appétit
des convives, c'est en ne se lassant point d'exiger
partout la propreté la plus minutieuse qu'elle chasse
cette odeur de cuisine, si odieuse dans les petits appartements de ville et qui finit par imprégner jusqu'aux
tentures, jusqu'aux vêtements même.

Une « maison bien tenue » doit toujours sentir bon.
Et par *sentir bon*, je n'entends point ces parfums violents, baptisés pour la vente de pompeux noms étrangers à bizarre désinence, mais dont, en somme, le musc,
l'atroce musc fait toujours le fond. Non, la « maison
bien tenue » n'a point d'odeur ; peut-être flotte-t-il dans
l'air quelques légers effluves d'iris ou d'héliotrope,
laissés par la parfumerie fine en usage chez les maîtres
du logis.

La vue, aussi bien que l'odorat, est à ménager, à
cajoler, pourrais-je dire. Ne faut-il pas éloigner des
regards les plats chargés de tristes restes, les assiettes

couvertes de détritus, tout ce qui rappelle ce qu'on a mangé et en perpétue le souvenir, peu agréable aux délicats? Et puis, l'aspect de désordre d'une table où sont jetés au hasard la vaisselle et les accessoires est si vilain, qu'il engendre inévitablement la maussaderie et le dégoût chez ceux qui l'entourent, pourvu qu'ils aient quelque raffinement dans les goûts. Or, l'heure des repas est une de celles qui réunissent tous les membres de la famille, il est du devoir de la maîtresse de maison de la rendre aimable; l'hygiène, au physique, y trouve son compte et le souvenir de la table paternelle reste cher aux enfants même devenus hommes.

Que de fois sur les mers lointaines, dans la solitude des camps, dans les tristes résidences des petites villes, le marin, l'officier, l'employé garçon, ont pensé à la chaude et lumineuse atmosphère du *home* familial; à cette couronne de joyeux et bons visages qui entourait la table, au père à la barbe grise, chef aimé et respecté de la tribu, à la mère aux yeux tendres, aux traits un peu fatigués par la vie et les soucis, aux sœurs charmantes, fleurs de jeunesse et de grâce, à tout ce babil qui s'échangeait gaîment, aux cris d'enthousiasme saluant l'apparition de quelque plat favori, au joli coup d'œil de la nappe blanche, avec les cristaux brillants, la vieille argenterie de famille à peine usée par trois générations, la faïence à fleurs, et l'appétissant appel des hors-d'œuvre!

Humbles joies dont est fait le grand bonheur du foyer! liens ténus qui retiennent ses habitants! chères habitudes qui rapprochent les cœurs et les esprits dans l'union intime, base de la vie de famille!

* * *

Nous allons donc nous occuper de ces questions, prosaïques quant au détail, mais relevées quant au but, ce but étant le bien-être familial. Nous laisserons de côté, absolument, et pour n'y pas revenir, tout ce qui a trait au choix et à la préparation des aliments; c'est dans les innombrables manuels spéciaux que nos lectrices chercheront et trouveront les recettes et... la manière de s'en servir.

Les repas ne seront envisagés ici qu'en ce qui concerne « le service de la table » et ce qui s'y rattache *avant*, *pendant* et *après*.

Je ne me lasserai point de le répéter (à force de coups de marteau, on enfonce un clou), si l'*ordre* et la *propreté* sont nécessaires partout dans une « maison bien tenue », ils sont indispensables dans tout ce qui touche de loin ou de près aux choses de l'alimentation. On ne saurait croire quelle source de désagréments, de perte de temps, de gaspillage, est la mauvaise habitude qui règne dans trop d'intérieurs de laisser aux domestiques toute liberté d'arranger comme ils veulent les buffets de la cuisine et de la salle à manger, et d'y entasser à leur gré les objets les plus divers et les plus disparates, vaisselle, accessoires de table, desserte, provisions, se coudoyant et se heurtant dans un pêle-mêle fantaisiste.

Il faut, dès son entrée en ménage, qu'une jeune femme prenne et fasse prendre aux serviteurs « un bon pli » à cet endroit. Une fois l'ordre établi, il est beaucoup plus facile de le faire maintenir que de le ramener. Une surveillance exacte sans taquinerie, une inspection fréquente des armoires, des tiroirs, des boîtes, doit suffire pour cet entretien, si les domestiques ne sont pas incurablement sales et négligents.

Dans quelques grands hôtels, en province ou à Paris, dans beaucoup de maisons du Nord, dans presque toutes les demeures, grandes ou petites, en Angleterre, en Belgique, en Suisse, en Danemark, etc., existe le très utile réduit qu'on appelle l'*office*. Un office de taille raisonnable, bien garni d'étagères et de placards, est la joie et la tranquillité d'une bonne maîtresse de maison. On y trouve l'armoire fermant à clé où l'on garde les provisions, le buffet à hauteur d'appui dont le dessus est si commode pour poser les balances, les appareils un peu encombrants, filtre, siphons d'eau de Seltz, corbeille à pain, etc. On range sur les étagères les paniers, petites caisses, etc.; enfin la fontaine suspendue, avec ses accessoires et sa serviette, y est mieux placée pour l'usage de la famille que dans la cuisine.

Mais l'exiguïté des appartements de ville permet rarement le luxe d'un office. Au-dessous d'un prix de loyer relativement élevé, il n'est guère d'installation où l'on en trouve maintenant. Il faut donc apprendre à s'en passer et « faire pour le mieux avec ce que l'on possède », sage maxime qui éviterait bien des ennuis, bien des malheurs même, si on l'appliquait plus souvent.

Nous supposerons en conséquence une salle à manger de dimensions assez considérables pour qu'on y puisse faire tenir aisément un grand buffet et un desservant, table, chaises, etc.; admettons aussi l'existence d'un placard ou d'une haute encoignure. C'est là que vont se caser les nombreux objets relatifs au service quotidien de la table. Je dis *quotidien*, parce que dans une maison bien réglée on a pour l'usage de tous les jours tout un « relai » de service : vaisselle, cristaux, couteaux, etc.

Il faut, suivant le nombre des membres de la famille, un service de six ou douze couverts en faïence à dessins si l'on veut — on en trouve de charmants à des prix raisonnables; — le service de dessert, plus restreint comme nombre de pièces que le service de luxe, tasses à thé et à café, à déjeuner, assorties ou non au service de table; verres et carafes, porte-couteaux, dessous de bouteilles en verre ou en cristal de bonne qualité, argenterie, couteaux de table et de dessert, pelle à beurre, manche à gigot, couteau à découper avec la fourchette assortie, dessous de plat, etc., le tout simple et solide, fait pour résister à l'emploi journalier.

Les jeunes maîtresses de maison ne sauraient trop se convaincre qu'en général, mais surtout pour ce qui doit « fatiguer », le bon marché est une mauvaise, une exécrable économie.

Si vous avez un budget très limité, sacrifiez un bibelot, un ouvrage d'agrément, un chapeau coûteux, un petit meuble inutile, un *luxe* quelconque, mais ayez de bon linge, de bonne vaisselle, de bons couteaux en vrai acier avec des manches qui ne se décollent pas à l'eau chaude.

Les verres dépareillés, les assiettes ébréchées, les tasses veuves de leurs anses, les soupières fêlées, les compotiers fendus, tout cela est assurément excusable et digne de pitié, quand c'est l'œuvre de la pauvreté, mais ici nous n'avons point à entrer dans cet ordre d'idées, et quand je cause avec mes lectrices d'une « maison bien tenue », il est convenu d'avance que je suppose ses propriétaires en possession au moins de l'*aurea mediocritas* qui permet la vie correcte.

Qui n'a vu d'ailleurs de ces intérieurs où la fortune même est impuissante à assurer le confortable et l'agrément? Dépenses de Madame, dépenses de Monsieur, négligence, incurie de part et d'autre, creusent un gouffre où les ressources du ménage disparaissent sans laisser de traces. La vaisselle, le linge, mal entretenus, ont un aspect sordide, la table mal mise, sans soin, sans goût, est laide à voir. Qu'importent les beaux meubles pleins d'argenterie, les riches tentures, l'orgueilleuse suspension? Ils ne font que rendre plus frappant le contraste entre ce qui est et ce qui devrait être.

L'ordre du rangement des buffets n'est point arbitraire et doit être réglé pour la plus grande commodité du service. Il va de soi qu'il est bon d'avoir sous la main les objets dont on se sert le plus fréquemment, et que les pièces lourdes ou encombrantes courent moins de risques en étant placées aux étages inférieurs. C'est à la maîtresse de maison à discerner ce qui est le plus approprié à ses meubles et à son service. Je me bornerai à des indications générales. La vaisselle de luxe, services de table et de dessert, cristallerie fine, etc., est rangée dans un placard. Si les assiettes sont en porcelaine très fine avec ornements, il faut les séparer toutes, une à une, par une large rondelle de papier; on évite ainsi les rayures que le dessous de l'assiette cause à l'émail de l'assiette inférieure. Si le service est à bords dorés, il vaut mieux envelopper toute l'assiette, cette précaution conserve à l'or son *bruni*. Pour la faïence, il y a moins de soins à prendre; néanmoins, c'est toujours une bonne mesure que d'empêcher le frottement des pièces entre elles.

La cristallerie doit avoir sa planche à elle seule. Pour les petits verres à madère et à bordeaux, qui tiennent beaucoup d'espace, on fait placer à mi-hauteur une planche plus étroite, permettant de mettre deux rangs l'un au-dessus de l'autre.

Les services fins à thé, à café, les pièces d'argenterie, de ruolz, ou simplement de métal anglais, les carafons, seaux à biscuits, etc., ornent la vitrine du buffet.

Le service de *tous les jours* (nous en avons parlé tout à l'heure) se case soit dans le bas du grand buffet, soit dans les placards ou encoignures.

Il en est de même des plats de dessert, compotiers de fruits ou d'oranges, assiettes de biscuits, de fruits secs, etc., fromages, hermétiquement enfermés sous leur cloche. Mais, sous aucun prétexte, ne resteront dans le buffet de salle à manger les restes proprement dits : volaille, viande rôtie, poisson, légumes, j'en dirai autant des hors-d'œuvre, anchois, sardines à l'huile, saucisson de Lyon, mortadelle, etc. Il leur suffit d'un séjour de vingt-quatre heures pour empester un placard ou une armoire.

L'argenterie (*couverts*) et les couteaux sont bien à leur place dans un tiroir du buffet, mais à condition d'avoir fait établir dans celui-ci des compartiments distincts. Deux grands : l'un pour les couverts, l'autre pour les couteaux; deux petits : l'un pour les petites cuillers à

café, à hors-d'œuvre, etc., l'autre pour les porte-couteaux. C'est chose facile, car il ne faut pas clouer ou
coller ce *bâti*, afin de pouvoir l'enlever pour le nettoyage. Il suffit de l'appliquer *à frottement dur* et d'en-
castrer les joints dans des rainures.. Un maître de
maison un peu adroit sait exécuter ces petits arrangements intérieurs. C'est un plaisir pour lui et une économie pour la bourse du ménage. Sous aucun prétexte,
il ne faut loger ensemble les couteaux et les couverts,
les premiers rayant les seconds.

Les serviettes roulées dans leurs anneaux ou logées
dans leur étui, la nappe soigneusement repliée dans ses
plis, les napperons, serviettes à œufs, etc., en un mot
la lingerie de table, occupe soit l'autre tiroir du buffet,
soit le grand tiroir du desservant. A réserver, où l'on
voudra, une case pour les *outils de table* : tire-bouchons,
pinces, moulin à poivre, casse-noisettes, etc., que nos
messieurs tiennent à avoir à leur prompte disposition
et dont la recherche met leur patience (?) à des épreuves
mal calculées pour ses forces.

Si l'on n'a pas d'office, il faut aussi trouver place
dans les armoires de la salle à manger pour les bouteilles entamées, les carafes à vin et à eau, l'huilier, et
la corbeille à pain munie de son napperon.

Le pain prend facilement mauvais goût et son séjour
à la cuisine le dessèche et l'expose à des odeurs désagréables. On évite cet inconvénient en lui réservant un
panier spécial qu'on garnit de toile pour ménager la
vannerie.

Disons, en passant, que tous ces accessoires : nappe
à pain, serviette à œufs, poche à marrons, napperons
pour dessous de plats, etc., sont de charmants pré-

textes à jolis travaux pour les dames du logis; seulement il faut les exécuter en tissus qui supportent le lavage si l'on veut qu'ils soient d'un bon et long usage, car rien n'est laid, sur une table, comme des rubans fanés, des soies ternies, des étoffes tachées de graisse.

****

Voici l'heure du repas qui approche; — dans un quart d'heure elle va sonner. — C'est le moment de *mettre la table*. Je n'ai point la prétention d'apprendre à mes lectrices ce que c'est qu'une table *bien mise*. Toutes le savent, mais ont-elles jamais pensé combien de détails cet ensemble comporte?

Commençons par le commencement. La nappe doit être de bonne taille, ni trop longue, car ses coins pendent, ni trop courte, car elle ne tiendrait pas en place. Il faut l'étendre sur la table *carrément*, c'est-à-dire le grand pli du milieu coïncidant avec le grand axe de la table, et les bouts tombant d'égale longueur. L'usage des nappes de toile cirée, inspiré par un louable sentiment d'économie, ne m'a jamais paru heureux. Une nappe de famille coûte fort cher, se dévernit très vite, devient extrêmement laide, et communique un goût désagréable à tout ce que l'on pose dessus. Je sais que, dans certains pays, le blanchissage est très cher et si mal compris qu'il use le linge avec une navrante rapidité. Dans les familles un peu nombreuses on craint aussi les maladresses des enfants et les taches dont ils parsèment la nappe. On est alors obligé de la changer souvent, car une nappe sale est chose fort vilaine et l'usure du linge, la note de la blanchisseuse, constituent une forte dépense.

On peut remédier à ces inconvénients autrement que par l'adoption de la hideuse toile cirée.

Les tables en bois massif, chêne, noyer ou châtaignier, supportent très bien l'usage des repas ; il suffit, pour les nettoyer, de passer dessus un torchon imbibé d'eau bien chaude et de les sécher immédiatement avec un chiffon de laine. Il faut faire cela très rapidement, car un mouillage prolongé ferait jouer le bois. Je sais un intérieur où, fort ingénieusement, on a réuni les avantages des deux systèmes : linge et bois. Le couvert de chacun est placé sur une petite nappe frangée en toile bise de 40 centimètres carrés environ. Ces petites nappes se salissent beaucoup moins vite qu'une grande et peuvent facilement être blanchies au logis.

Si l'on se sert d'une grande nappe et que les bébés soient à table, tant qu'ils n'ont pas l'âge de discrétion, un beau carré de toile cirée à dessins bordé d'un galon et placé sous leur assiette préserve les alentours contre leurs écarts de conduite en fait de contenance à table.

Sur la nappe, à distances égales, on dispose symétriquement le couvert composé pour chaque personne d'*une* assiette plate, verre, cuillère, et couteau à droite, fourchette à gauche, porte-couteaux à droite sur la ligne du verre à peu près, serviette sur l'assiette.

Devant le maître ou la maîtresse de maison, en travers, la grande cuillère à potage, la cuillère à ragoût, un couvert pour servir, le service à découper, s'il y a lieu, et, à défaut de sonnerie électrique, le timbre. Carafes et bouteilles, assiettes à beurre et à hors-d'œuvre, salières, *ménagères* pour les condiments, etc., sont placées avec symétrie et dans un ordre agréable.

A la campagne et même en province, il est facile de se donner le luxe d'un vase de fleurs au milieu de la table et des assiettes de dessert chargées de fruits, placées en carré autour. Mais ce petit décor demande une grande table et un dessert un peu compliqué, toutes choses réservées aux intérieurs où règne une certaine aisance.

Est-il bien utile de rappeler ici qu'on ne pose *sur* la nappe ni les plats, ni la lampe, ni les bouteilles et carafes; il faut pour tous ces objets des *dessous* — la faïence, le nickel, le cuivre, le cristal, ou tout simplement le verre, sont d'un bon emploi pour ce service. Les ronds d'aloès ou de bois, solides et peu coûteux, sont inélégants et de plus ont l'inconvénient de se graisser à la longue en contractant une odeur désagréable.

En général, disons-le une fois pour toutes, tout ce qui sert aux repas doit pouvoir se lessiver, se laver, se récurer, se débarrasser complètement des *souvenirs* alimentaires.

Je n'ai parlé ici, évidemment, que du couvert de tous les jours. Pour les dîners priés, il y a un certain nombre de modifications dont le détail trouvera place au chapitre des réceptions.

*
* *

La table est mise, la cuisinière est prête, la femme de chambre (ou le domestique) jette un dernier coup d'œil pour s'assurer que rien ne manque, place une chaise devant le couvert de chaque convive, puis ouvre la porte de la pièce où la famille est réunie, et sans *aboyer*, sans bredouiller, posément, d'une voix discrète, vient dire : « Madame est servie ». — C'est ainsi que dans une « maison bien tenue » on annonce, même entre soi, que le moment est venu de se réunir autour de la table.

Les « La soupe est servie! » « Allons! v'nez dîner! » « V'là la soupe », « Le dîner va refroidir », et d'autres appels du même genre ne sont en usage que dans les intérieurs très simples, beaucoup plus simples de mœurs que ceux dont nous avons à nous occuper ici.

Ceci me rappelle — et je veux terminer par là — un quatrain que j'emprunte à mon vieil ami le baron R... C'était un homme du monde et d'infiniment d'esprit. Ancien préfet de l'Empire, il avait connu et pratiqué l'étiquette des grandeurs officielles, mais, dans ses vieux jours, il vivait très modestement de sa pension de retraite et tout son personnel de serviteurs se réduisait à deux petites bonnes bretonnes. En sage philosophe, il prenait gaîment sa médiocrité d'existence, et se consolait en faisant de fort jolies pièces de vers. Celle dont je parle, intitulée *Matinée d'automne*, est une attrayante description des bourrasques d'octobre sur le quai à Quimper.

Après maintes ondées, cependant, un coin de ciel bleu paraît, le soleil se montre, l'auteur va tenter une sortie, mais...

> A peine suis-je dans la cour.
> Qu'Yvonne, sur l'heure, intraitable,
> Crie « Autrou [1] », venez de retour!
> *La* déjeuner est sur *le* table!

1. *Monsieur* en breton.

CHAPITRE III

Le service de table.

Un vieux savant breton me racontait un jour que, pendant une excursion, faite au temps de sa jeunesse, dans les montagnes d'Arrée, il était entré à l'heure du repas chez de pauvres paysans. Toute la famille, occupée à se repaître de la bouillie traditionnelle, entourait un tronc ou plutôt une souche de chêne, contemporaine sans doute du roi Gradlon et de saint Corentin, à en juger par ses dimensions extraordinaires.

Coupée à deux pieds du sol, on l'avait creusée, au centre, d'une vaste cavité destinée à recevoir le bassin contenant la bouillie. Tout autour, des creux plus petits servaient de bols pour le lait écrémé ou le cidre dont on détrempe chaque cuillerée de l'épais mélange avant de le porter à sa bouche.

Entre ce service de table, si étrangement primitif, et celui qui se pratique dans les maisons princières, il y a place pour de nombreuses variantes; nous choisirons ce qui se fait dans « une maison bien tenue » de condition moyenne.

***

Dans les intérieurs où règne l'étiquette, il est d'usage que les domestiques qui servent à table ne quittent point la salle à manger. Ils sont ainsi plus à même de satisfaire aux exigences du service et de prévenir les désirs des maîtres et de leurs hôtes. — Il en va de même parfois dans des milieux moins haut placés. — Je conviens que le repas y gagne en promptitude, en correction, en confortable, mais combien la vie de famille y perd en agrément !

Le chef de la maison, retenu toute la journée hors de chez lui, ou absorbé « at home » par ses travaux, ne voit guère les siens réunis qu'à l'heure des repas ; or, la présence de ce témoin, presque toujours indiscret, qu'est un domestique, enlève toute liberté, tout charme à la vie commune. Il entend, comprend à sa façon et répète au dehors tous les propos gros ou menus, les nouvelles, vraies ou fausses, qui se débitent pendant qu'il sert les convives, et les choses dites fort innocemment peuvent, en passant par son canal, acquérir une fâcheuse gravité.

Quand on est entre soi, que la simplicité du train de vie ne requiert point un service raffiné, il vaux mieux, selon moi, s'armer d'un peu de patience et ne laisser entrer le domestique qu'au coup de sonnette.

Ai-je besoin d'ajouter ici que, homme ou femme, toute personne qui sert à table doit toujours avoir une tenue correcte, les mains très propres, la coiffure soignée, les vêtements en bon état.

Tout le monde sait que, chez les gens vraiment bien élevés, on ne converse pas avec les domestiques pendant qu'ils servent. On leur adresse, en peu de mots, d'un ton modéré, sans familiarité, les indications nécessaires au service, on leur demande sans brusquerie ce dont on a besoin, on évite les gronderies prolongées, les reproches aigres qui les poussent à répondre des insolences; en un mot, on maintient la paix et la dignité qui ne doivent jamais être bannies des réunions de famille.

La maîtresse de maison a beaucoup à faire en ceci, car c'est sur elle que retombe le soin de calmer les impatiences du mari, d'empêcher les exigences des enfants, de satisfaire les manies des vieux parents et de ne pas trop peser sur les serviteurs.

Avec du tact, de la bonté, de l'amabilité, de l'abné-gation surtout! elle vient à bout de sa tâche, et elle est bien payée de ses peines par le bonheur de tous et l'absence d'orages.

Qui doit découper et servir les mets pendant le repas de famille, si on n'en laisse pas la charge au domestique? Est-ce Madame? Est-ce Monsieur? Du côté de Madame, on dit : « La maîtresse de maison prend plus de précautions, sait mieux préserver la bonne tournure des restes, s'occupe davantage des goûts de chacun. Et puis, en prenant sur elle cette tâche laborieuse, elle en décharge son mari qui peut ainsi jouir complètement du repos et du repas. »

Du côté de Monsieur, on réplique : « Un homme a tout autant d'adresse et plus de force qu'une femme. Il découpe mieux et plus vite et sait tout aussi bien-épargner les pièces. Et puis, la mère de famille a fort à faire pour la surveillance de ses enfants, celle du service en général ; elle doit s'estimer heureuse d'être aidée. Enfin, ce n'est pas un ennui pour beaucoup de messieurs que de découper ; au contraire, ceux qui s'en tirent très bien le font volontiers, y mettent une certaine coquetterie et y trouvent d'honnêtes petites satisfactions de vanité. »

D'ailleurs, qui empêche de partager les labeurs ? Madame ne peut-elle pas se réserver le potage, les légumes et les entremets, et Monsieur tout ce qui se tranche au fil de l'acier ?

Il est prudent, pour ménager la nappe, de glisser devant la personne qui découpe un napperon en toile frangée ou une natte. Le napperon de toile qu'une bonne lessive débarrasse de ses taches de graisse me parait préférable à la natte qui emmagasine celles-ci.

*
* *

Tant qu'on est en tête à tête, ou à peu près, et dès que l'on a, ne fût-ce qu'un convive, il est plus correct et plus agréable de faire offrir par le domestique le plat contenant les mets disposés en portions faciles à prendre ; ce service se fait par derrière : on présente le plat *à gauche* afin que le convive puisse facilement se servir de la main droite. Le plat doit être posé sur une serviette pliée et être muni d'une cuillère et d'une fourchette. Les sauces qu'on sert en saucières, sauce blanche, sauce des rôtis, mayonnaise, etc., sont offertes en même temps si le domestique est assez habile pour tenir de la main droite le plat et de la gauche la saucière ; tout de suite après le service du plat, si l'on se défie de son adresse.

Mais quand la famille compte plusieurs enfants déjà grands, il est à peu près impossible de continuer ce système. Ils n'en finiraient pas de se servir, voudraient choisir les morceaux, éclabousseraient eux et leurs voisins, prendraient trop ou trop peu.

En Angleterre, les enfants, tant qu'ils sont *enfants* à proprement parler, ne mangent pas avec leurs parents.

La *nursery* les garde sous son ombre et la *governess* les maintient sous une austère discipline. Nos petits Français, plus tendrement traités, vérifient le texte biblique *et entourent la table comme de jeunes plants d'oliviers*; seulement les parents paient ce bonheur par plus de sollicitude et de labeurs. La mère sert alors dans des assiettes portées aux intéressés par le domestique la part qui revient à chaque enfant.

En découpant et en servant, les maîtres de maison doivent, d'un coup d'œil, se rendre compte de la quantité qu'il faut attribuer à chaque convive afin que les derniers servis ne risquent point de vérifier par trop le proverbe latin : *Tarde venientibus ossa.*

Voici, à ce propos, l'aventure qui arriva il y a bien longtemps à une de mes bonnes amies.

Toute jeune femme de seize ans, frêle, petite, gracieuse, aussi ignorante que possible des choses du ménage, surtout à la campagne, elle venait d'arriver dans un village où son mari avait été nommé percepteur.

Celui-ci, jovial et hospitalier, n'avait rien trouvé de mieux pour fêter sa bienvenue que d'inviter à un grand festin tous les curés de sa perception et quelques amis.

On était une quinzaine à table. La soupière arrive, fumante d'effluves savoureux; les narines se dilatent pour les mieux aspirer, les appétits aiguisés par les longues courses en pleins champs sentent redoubler leur ardeur... La mignonne épousée plonge solennellement dans le vaste cratère la *louche* d'argent à manche de bois noir, type de la vénérable argenterie de famille.

Avec l'entrain d'une jeune maîtresse de maison à son début, elle verse le potage dans les grandes assiettes creuses en faïence campagnarde, vrais gouffres où les cuillerées tombent sans les combler. En quelques instants la soupière est vide et la moitié des assiettes reste à remplir... Effarement du mari; la pauvre petite femme fond en larmes; on s'empresse pour la consoler et... je ne sais trop comment finit l'histoire; peut-être qu'on se partagea les portions; peut-être aussi restait-il du bouillon dans la marmite...

*
* *

Avant le dessert, le domestique enlève tout ce qui a servi au repas, sauf les verres, c'est-à-dire les assiettes, fourchettes, porte-couteaux, grands couteaux, salières, huilier, hors-d'œuvre, etc., puis, muni d'une brosse spéciale à cet usage, il balaie les mies de pain, les petits croûtons, etc., qu'il fait tomber dans une corbeille; puis il place devant chaque convive l'assiette à dessert contenant les couteaux à fruit et à fromage, l'un à lame d'argent, l'autre à lame d'acier, et le petit couvert à dessert, cuillère et fourchette. Si dans la vie de famille, on veut simplifier cet étalage un peu encombrant et compliqué lorsqu'on est nombreux, il suffit de faire poser sur l'assiette une petite cuillère et un couteau à dessert.

De même que le beurre doit toujours être accompagné de la pelle à beurre, le fromage le sera d'un couteau spécial, le sucre en poudre de sa cuillère ou passoire.

Aussitôt après le repas, on sert le café au petit salon. On apporte un joli plateau, les tasses, le sucrier, la cafetière, le flacon de cognac, avec les petits verres, un pot minuscule plein de crème.

Le domestique n'a à s'occuper du service du café que pour apporter ce plateau; il disparaît dès qu'il l'a posé sur une table ou un guéridon, les maîtres se servent eux-mêmes ou se font servir par les jeunes filles de la maison. Le domestique ne viendra reprendre le plateau qu'au coup de sonnette.

L'instant du café est un instant de repos, de loisir, de détente, il ne doit pas être soumis à la réglementation des heures de repas. Cependant, il est dans l'ordre d'une bonne maison que le plateau à café ne traîne pas pendant des heures dans la pièce où se tient la famille. Dès que celle-ci est dispersée pour reprendre ses occupations, on le fait enlever.

Il est entendu que je ne parle ici que de la vie de tous les jours dans une condition moyenne, car si le maître de la maison prend le café au fumoir, il est « seigneur en son logis » et se fait servir et desservir comme bon lui semble.

Le moment du café est aussi celui des liqueurs. Il me paraît inutile de parler de leur service, qu'il se fasse dans les cruchons et bouteilles qui attestent l'authenticité de leur provenance ou dans des cruches, fioles, flacons en cristal plus ou moins ornementés. Je rappellerai seulement qu'il ne faut point laisser *envieillir* la petite couche de liqueur restant au fond du verre, car elle s'y cristallise en très peu de temps et devient très dure à enlever.

On veillera donc à ce que les verres à liqueur soient nettoyés immédiatement après qu'on s'en est servi. Même observation pour les « gouttes » qui filent le long du carafon ou des bouteilles et poissent aux doigts quand on saisit le goulot.

Toutes ces prescriptions narrées ainsi par le détail semblent munitieuses et taquines à l'excès, mais je prie de remarquer que c'est en somme une affaire de dressage. Cela fait partie du service d'un bon domestique, et quand il a pris ce genre d'habitudes, il les continue d'instinct pour ainsi dire, et il lui paraît tout naturel de ne remettre en place que des objets parfaitement nets.

Dès que la salle à manger est vide, si le service est bien organisé, elle sera promptement débarrassée des traces du repas.

On se sert maintenant pour desservir de plateaux de chêne sur lesquels on pose la vaisselle qui doit être emportée à la cuisine pour le nettoyage. Ces plateaux, en bois massif, sans placage ni vernis, sont d'un entretien facile quant à la propreté et évitent les gaucheries et « la casse ». Je n'ai jamais apprécié l'usage de ces paniers ou corbeilles à argenterie, soit en osier, soit en tôle vernie, etc., employés par nos grands-parents. Fatalement, ils s'imprègnent au contact des cuillères, fourchettes, couteaux, encore enduits d'aliments gras, d'une tenace et détestable odeur de ranci. Les lavages ne font que détériorer le malencontreux récipient.

Le panier à verres est-il bien utile? Lui aussi, pour peu qu'on y laisse des verres à demi pleins dont le contenu saute au dehors pendant le transport, s'imbibe de vin, de bière, d'odeurs de cabaret, indignes d'une « maison bien tenue ». Ce sont là de ces inutilités qui sous prétexte de simplifier le service le compliquent singulièrement. En somme, pourquoi ne pas se contenter du plateau à desservir qui répond à tous les besoins?

La vaisselle doit être lavée après *chaque repas*, et remise en place *le plus tôt* possible; rien n'accuse le désordre d'une maison comme des plats chargés de restes, des verres non lavés, des coupes de fruits ou de compotes entamés, des accessoires de table, etc., restant jusqu'à trois heures de l'après-midi sur le desservant.

J'ai dit plus haut que la desserte (à part quelques assiettes de friandises) ne devait point être rangée dans les buffets de salle à manger; si l'on possède un office, elle y trouve tout naturellement sa place. Enfin, il faut faire prendre aux domestiques l'habitude de compter les couverts et pièces d'argenterie tous les jours, et les compter soi-même souvent. C'est ainsi qu'on s'aperçoit des pertes et larcins et aussi qu'on les prévient.

*
* *

Il n'y a point à vrai dire de « service de table » compliqué pour le petit déjeuner du matin. Les uns le prennent dans leur chambre, les autres dans la salle à manger, ce qui est plus commode, plus gai et plus hygiénique, surtout si la famille est nombreuse. En ce cas, on emploie une nappe carrée ou rectangulaire frangée ou bordée de grosse guipure et qui couvre la table sans en dépasser les bords. Sur cette nappe on dispose avec symétrie les tasses à déjeuner avec leur soucoupe, la corbeille contenant les petits pains, la beurrière, le sucrier, le pot à lait rempli de lait bouillant, cafetière, théière, chocolatière suivant les goûts et les habitudes de la maison; pour l'argenterie, couverts et petits couteaux de la taille du service à dessert.

Dans une maison bien tenue, on ne flâne point sur le premier déjeuner, car tout le service de la matinée, très chargé d'ordinaire, s'en ressentirait.

Les membres de la famille qui, pour une raison ou autre, âge, maladie, habitude, fantaisie, ne veulent point se presser, sont servis dans leur chambre, sur un plateau garni d'une petite nappe ornée. Il est bon de choisir pour ces petites nappes un tissu et un mode de garniture qui supportent bien le blanchissage à fond, car elles sont exposées aux taches de beurre, de lait, de café, de chocolat, qui résistent aux savonnages légers.

Pour ce service, une vaisselle spéciale est indispensable : théière, sucrier, assiette à beurre, doivent être de petite dimension, de même que les récipients pour le café, le lait, le chocolat, qui ne doivent contenir que la quantité nécessaire pour une ou deux tasses.

En effet, s'ils étaient plus grands, ils encombreraient le plateau, le chargeraient d'un poids trop lourd et rendraient son transport difficile. Ajouterai-je qu'il ne faut point tomber dans l'excès contraire et mettre les gens à la portion congrue (comme on disait jadis) en servant leur déjeuner dans une vaisselle digne de la poupée?

Les heures des repas ont beaucoup varié en France. Sans remonter au temps du vieux dicton :

Lever à six,
Diner à dix,
Souper à six,
Coucher à dix,
Fait vivre l'homme dix fois dix,

si l'on s'en tient à ce qui se passait il y a cinquante ans dans les familles aisées, on se rappellera qu'on dinait à six heures, parfois à cinq ou cinq et demie, plus rarement à six et demie. Peu à peu, l'on a poussé jusqu'à sept heures, puis à sept et demie, et même maintenant on atteint huit heures. D'autre part, l'heure du déjeuner ayant peu changé et ne dépassant guère midi, il reste un long espace que l'aimable habitude du *lunch* empruntée aux Anglais est venue partager. La santé y trouve son compte aussi bien que l'agrément, car l'estomac n'a plus à souffrir de tiraillements pénibles, pendant une longue suite d'heures, et le repas du soir, moins copieux, moins prolongé, est plus conforme aux lois d'une bonne hygiène.

Autrefois les enfants seuls goûtaient, leurs parents maintenant font de même, et font bien.

Le « five o clock tea » élégant, recherché dans son service et ses éléments, trouvera sa place plus loin ; je n'en parle donc ici que pour mémoire ; c'est du lunch de famille que nous nous occupons. Sur une table *ad hoc*, ni grande, c'est trop solennel, ni petite, ce n'est pas commode, on étend une jolie nappe frangée garnie de guipure, brodée de couleurs vives, ornée de points à jour, agrémentée de cent façons selon le goût et l'habileté des dames du logis.

Cette nappe recevra les tasses à thé avec leur petite cuillère ; les tasses à chocolat, un peu différentes de forme ; la théière accompagnée de la bouilloire à lampe à alcool, ou le samovar, qui, portant un fourneau intérieur, dispense de la bouilloire ; la chocolatière, le sucrier, le pot à crème, le seau à biscuits, le flacon de rhum, une assiette de rôties beurrées, et si l'on a l'habitude de luncher un peu solidement, une assiette de sandwiches au jambon et un gros gâteau : brioche, galette, plumcake, kugelhof, etc., etc.

En été, les messieurs aiment à voir joindre au lunch de la bière et du vin blanc. On les sert généralement à part sur un guéridon portant le service à bière, c'est-à-dire un plateau avec cruches et verres assortis, carafe à anse et verres à pied pour le vin blanc. A la campagne, on peut, si l'on veut, y ajouter des fruits, de la crème fraîche. On sert alors sous la tente d'une terrasse, sous l'ombrage de quelque bel arbre, au milieu des pelouses, des corbeilles de fleurs ; c'est un des plus délicieux moments de la journée.

Les domestiques n'ont à intervenir dans le service du lunch que pour apporter les plateaux et les remporter ; le reste est fait par les dames de la maison, les jeunes surtout, à qui ce léger office donne l'occasion de déployer beaucoup de grâce, d'amabilité... et de mettre de ravissants tabliers.

Pour terminer, qu'on me permette une petite digression culinaire, on l'excusera en faveur des bons résultats qu'elle peut produire.

Jamais, ou presque jamais (il ne faut pas être trop absolu), les domestiques ne font bien le thé. Ce divin breuvage demande des soins scrupuleux dont ils font fi, le plus souvent, les jugeant inutiles et tyranniques. Avec le samovar ou la bouilloire, il est si facile d'opérer soi-même que les vrais amateurs n'hésitent pas.

Faut-il rappeler aussi que les biscuits anglais doivent être croquants, les sandwiches minces, les rôties dorées également de part et d'autre, le beurre fin et frais, la crème fraîche, et le rhum... du bon coin?

CHAPITRE IV

Les domestiques.

On dit que les femmes, — y compris les jeunes filles, — sont... causeuses... Hélas! je ne puis le nier, une existence qui a beaucoup dépassé le demi-siècle ne m'ayant laissé aucune illusion sur ce point, et j'ai toujours été frappée du petit, du très petit nombre de sujets sur lesquels s'exerce leur loquacité.

En compterons-nous une douzaine?

La santé, les enfants, robes et chapeaux, bals et théâtres, prochain ou prochaine, mariages faits ou à faire, histoires lamentables, talents artistiques, les domestiques...

Je ne suis pas encore à douze... Si j'ai mis en dernier les domestiques, ce n'est pas que ce soit l'un des moindres, grand Dieu! Il y a des personnes qui vous racontent les méfaits de tous leurs serviteurs, de tous ceux de leur mère, de leur belle-mère, de leurs tantes, de leurs cousines, de leurs amies intimes et des amies de leurs amies.

De leur côté, les domestiques font de même. Ah! si

les maîtres entendaient tout ce qui se débite sur leur compte à la fontaine, chez l'épicier, le boucher, la fruitière !

« Madame en dit long sur moi quand elle est avec ses amies, mais j'en pourrais dire aussi long sur elle ! » Et, la machine à médisance une fois en branle, elle ne s'arrête pas facilement. Les maîtresses qui s'en irritent sont, à mon avis, parfaitement injustes.

Ont-elles donc le privilège de se soutraire au jugement de leur semblable ? Et quand ce semblable est un témoin continuel de leur vie intime, qu'il souffre de leurs défauts, qu'il pâtit de leurs erreurs, qu'il ronge le frein que sa pauvreté lui impose et que leur orgueil rend plus dur, pourquoi se refuserait-il le soulagement de confier ses peines à une oreille sympathique ?

Assurément, les plaintes sont souvent exagérées, et les médisances vont trop souvent jusqu'à la calomnie. D'ailleurs, s'il y a de mauvais domestiques, il y en a aussi de vraiment bons. J'en ai eu à plusieurs reprises, j'en ai connu chez mes parents, chez des amis. Ceux-là ne disaient point de mal de leurs maîtres, au contraire ! Portant haut « l'honneur de la famille », ils prenaient part à toutes ses joies, à toutes ses peines ; ils se multipliaient dans les temps difficiles, au moment des coups de feu, et, humbles et fidèles amis, savaient toujours apporter « le pot de fleurs » du jour de la fête ou celui, hélas ! du dernier adieu...

La nature humaine, faite de bien et de mal, n'est point si rebelle aux bons sentiments que le prétendent les esprits moroses, aigris par des épreuves dont ils sont les premiers artisans.

Les bons maîtres font les bons serviteurs, dit le vieux dicton — il ne se trompe pas. Si vous avez la chance de tomber sur de bons sujets, des cœurs droits, des esprits intelligents, eussent-ils même été mal commencés, vous en tirerez, si vous savez les prendre, à la longue ou en peu de temps, suivant les dispositions, de « bons serviteurs ».

D'ailleurs, je l'ai remarqué bien des fois, la force des choses finit par amener une sélection naturelle. Le « bon serviteur » qui a trouvé le bon maître qu'il lui faut s'attache solidement à la maison et ne la quitte plus ; le mauvais serviteur est renvoyé ou s'éloigne de lui-même.

Il y a des moments dans les familles où, sans qu'on puisse s'expliquer pourquoi ni comment, les mauvais domestiques défilent en série. Il semble que tous les vices, tous les défauts sur deux pieds se soient donné rendez-vous chez une infortunée maîtresse de maison. Mais, comme je le disais plus haut, dans les intérieurs bien réglés, bien tenus, la fatale série s'épuise assez promptement, et l'on finit par trouver son affaire, heureuse chance qui semble bannie à tout jamais de certaines maisons ; bons ou mauvais, les serviteurs n'y restent pas.

Malgré tout ce qu'on pourra m'opposer — dénégations passionnées, — car c'est un sujet su[r lequel] beaucoup de femmes se passionnent, — je [sou]tiendrai, je maintiendrai que le blâme dû à ces mœurs regrettables doit porter principalement, uniquement même, sur la maîtresse de la maison.

J'ai connu des familles où le maître avait un caractère terrible, des défauts sans nombre, des infirmités, des vices même, où cependant quelque domestique, quelque humble « bonne » fidèle et dévouée, restait auprès de sa maîtresse, l'aidait à soutenir l'épreuve, à élever les enfants, à maintenir la famille à son rang. Il est excessivement rare que le cas contraire se produise et que l'on voie l'attachement à un bon maître tenir contre les misères infligées par une mauvaise maîtresse ; car il y a de mauvaises maîtresses, le cas est indéniable. Des femmes capricieuses, névrosées, irritables, égoïstes, ou bien dures, exigeantes, criardes, querelleuses, etc., etc.... La liste dont les etc. tiennent la place pourrait être longue si j'y faisais figurer tous les types défectueux que l'on rencontre en ce genre...

J'avoue d'ailleurs que je suis peu portée à l'indulgence envers les maîtres impitoyables. La condition des domestiques est si pénible, neuf fois sur dix, qu'ils ont droit à toute notre charité.

Tous les hommes sont égaux devant Dieu, nous dit la religion.

Tous les Français sont égaux devant la loi, dit le Code.

« De quel droit, pourrait-on dire à ces maîtresses impérieuses, de quel droit vous arrogez-vous donc le pouvoir d'injurier, de tyranniser votre égale, votre sœur ? Est-ce parce qu'elle est pauvre, ignorante, isolée, sans défense ? Mais n'avez-vous donc dans le cœur ni générosité ni justice ? Elle a des défauts — vous en avez aussi. — Pourquoi ne les corrige-t-elle pas ? — Corrigez-vous les vôtres ? — Je la paie pour me servir. — Assurément, mais supporter vos injures, est-ce une part de service ? — Si elle ne les supporte pas, je la jetterai à la porte! — Vous en êtes bien la maîtresse, mais alors servez-vous vous-même! »

Le contrat qui vous lie oblige votre serviteur à vous donner une certaine part de sa vie, — la part du lion, — son travail en ce qui concerne sa spécialité et une soumission polie à vos désirs raisonnables. Rien de plus.

Vous ne voulez pas faire de rudes besognes qui ne conviennent ni à votre rang social ni à vos habitudes, vous employez votre argent à payer la façon de ces besognes ; outre votre argent, vous donnez à celui qui les accomplit un certain nombre d'avantages matériels qu'il paie de son côté par l'abandon de sa liberté. Mais je ne vois rien dans ce contrat qui vous autorise à traiter votre servante de sotte, d'imbécile, de maladroite, de malapprise, etc. Et si elle vous répondait sur le même ton, vous jetant à la tête les épithètes de criarde, méchante, tracassière, fantasque, etc. ? Elle me manquerait de respect, direz-vous. Mais qu'avez-vous fait pour mériter ce respect ? Si elle le conserve, montrant en cela une force d'âme bien supérieure à la vôtre, c'est un respect de commande, un respect menteur, un masque de respect qui tombe dès que vous avez le dos tourné.

Sans doute il vous est permis de la reprendre, de la blâmer, de lui reprocher même ses erreurs, mais vous pouvez vous acquitter de cette tâche sans perdre votre dignité, sans fouler aux pieds celle de votre servante ou de votre serviteur.

Combien plus noble, plus charitable, et plus efficace aussi, est la réprimande juste dans le fond, mesurée dans les termes, dite d'une voix calme avec une attitude et une physionomie sérieuses ! Justice et charité : entre ces deux termes est comprise toute la conduite à tenir envers les domestiques. La justice implique vigilance et fermeté ; la charité, tolérance et bonté.

****

Dans les classes modestes, sinon inférieures, de la société, la domestique est beaucoup plus de la famille que dans les classes supérieures. Malmenée, mal logée, peu payée et souvent mal nourrie, elle a cependant une compensation dans sa rude existence ; c'est la sorte d'égalité qui s'établit forcément entre elle et ses maîtres, et la liberté d'allures qui en résulte pour elle. Elle n'a point à se gêner pour cultiver les belles manières ou le beau langage ; parler à la troisième personne n'entre pas dans son répertoire, elle interpelle bruyamment ses « patrons », vient la bouche pleine prendre part à la conversation pendant les repas, fait avec sa maîtresse d'interminables bavardages sur les histoires du quartier, des voisins, des voisines, etc.

Dans une « maison bien tenue » la domesticité, plus payée, mieux nourrie, traitée plus doucement, doit en revanche se soumettre à un genre de vie beaucoup plus contraint. Il faut apprendre à peu parler et d'une voix modérée, à ne pas interpeller ses maîtres, à marcher à pas discrets, à ménager ses gestes, à fermer les portes tranquillement et sans bruit, à déplacer les meubles sans fracas, à manier avec précaution la vaisselle, les ustensiles, les objets, à répondre au coup de sonnette, à dire « Monsieur veut-il?... Madame veut-elle?... » en un mot à se rompre aux habitudes correctes d'un bon service.

Il y a des maîtresses de maison qui possèdent le *génie* du dressage des domestiques; elles sont fort à admirer, mais il leur faut, outre une patience à toute épreuve, des qualités spéciales d'ordre, de minutie, de sévérité. C'est de l'une d'elles que j'ai entendu citer ce trait héroïque.

« Ma tante de X... est très souffrante en ce moment, disait devant moi une jeune femme, et elle se fait apporter tous les jours son café au lait à six heures et demie du matin.

— En plein hiver ! à la lumière alors ?

— Oui, à la lumière.

— Et pourquoi faire, grand Dieu ?

— Pour ne pas laisser la petite femme de chambre qu'elle dresse prendre de mauvaises habitudes ! ! ! »

J'ajoute, pour mes lectrices parisiennes, que la chose se passait en Bretagne, à la campagne, où les châtelaines vont à la messe de sept heures tous les jours.

Quand on ne se sent pas la force de pousser l'immolation de soi-même à un tel degré, ni celle de poursuivre de pièce en pièce, de besogne en besogne, le serviteur qu'on veut former, il vaut cent fois mieux ne pas tenter l'impossible, ne pas essayer l'irréalisable et s'assurer le concours d'un domestique bien « commencé ».

Après nous être occupés de la question de domesticité à un point de vue général, entrons dans le particulier, comme on disait au xviie siècle, et serrons de près les rapports entre maîtres et serviteurs.

Le serviteur à gages, homme ou femme, à la ville, doit à son maître l'emploi de presque tout son temps et aliène même une notable part de sa liberté. Il ne peut s'absenter sans autorisation, exercer un métier ou une profession en dehors de son service, recevoir ses parents ou ses amis de façon habituelle.

Il a droit à des jours et heures de sortie réglés par les conditions de louage et reçoit comme salaire : 1° ses gages; 2° la nourriture et la boisson; 3° le logement, le chauffage, l'éclairage et le blanchissage, et même dans certains cas une partie du vêtement, — tout ce qui est de la livrée, par exemple, pour les domestiques hommes : tenue de travail, tenue de maison et tenue d'extérieur. Les usages de certains pays, les conditions d'existence de certaines familles, modifient plus ou moins ces coutumes; j'ai donné ici celles qui sont généralement adoptées à Paris.

Il faut avoir grand soin, quand on engage un domestique, de s'entendre avec lui sur tous ces points, car négliger cette entente préalable, c'est ouvrir la porte à beaucoup d'occasions de mécontentement et de reproches de part et d'autre.

C'est un rigoureux devoir pour les maîtres de rester fidèles à leurs engagements; non seulement l'honneur les y oblige, mais c'est la seule manière d'obtenir des serviteurs une fidélité réciproque.

Exemple : vous avez promis à vos domestiques que leurs gages seraient payés tous les mois, le dernier jour du mois; — ne manquez jamais, sous aucun prétexte, à faire ce paiement à l'échéance.

Autre exemple : un dimanche de sortie par quinzaine leur est accordé; ne les empêchez pas d'en profiter, et si quelque événement imprévu vous force à ne pas diminuer pour ce jour-là le nombre de vos serviteurs, faites-les remplacer par une aide extérieure.

On ne saurait croire combien cette loyauté, cette honnêteté à remplir les engagements pris est d'une salutaire influence sur les gens de service. C'est d'en haut que doit toujours venir le bon exemple.

Je n'ai point à traiter ici la question de la quotité du gage; je vois, dans la province que j'habite, des servantes à 5 francs, à 10 francs par mois; ces 10 francs sont même une concession aux idées modernes, car il n'y a pas bien longtemps mourait une vieille Périne, qui pendant trente ans de bons et loyaux services n'avait jamais eu que soixante francs par an, deux paires de sabots et deux chemises. Elle n'avait jamais demandé d'augmentation.

En revanche, j'ai vu, dans le Nord, des cuisinières pour lesquelles gages et bonnes mains arrivaient à cent francs par mois! C'est affaire à chacun de savoir ce qu'il peut donner. Cependant, comme indication générale, je dirai que la justice, la convenance et la prudence demandent qu'on ne s'obstine pas à vouloir payer ses domestiques moins qu'ils ne valent ou qu'ils ne trouveraient dans les maisons analogues à la vôtre. Il m'a toujours semblé odieux qu'on spéculât sur l'attachement d'une servante ou sur le plus ou moins de facilité qu'elle aurait à se placer ailleurs pour l'empêcher de recevoir la rémunération légitime de son labeur.

D'autre part, il est absolument déloyal d'abuser de sa fortune pour enlever, à coup de pièces d'or, les serviteurs bien dressés. Il y a là une question fort délicate, car les personnes qui ont pris la peine (peine très ardue) de former une domestique sont parfaitement dans leur droit en considérant cette peine comme un supplément de gages et en ne donnant qu'un prix modique au sujet à dégrossir; et d'un autre côté, le domestique, devenu habile dans son métier et capable de tirer un plus grand profit de cette habileté, n'est pas le moins du monde à blâmer s'il cherche à augmenter son salaire, qui est non seulement son gagne-pain, mais l'espoir de quelques économies. Se plaindre de son ingratitude n'est pas selon l'équité, car si on a eu de lui, pendant plus ou moins longtemps, un médiocre service, on lui donnait de médiocres gages, et la balance s'équilibrait.

Il me paraît plus conforme à la justice et à la prudence de payer tout d'abord au serviteur novice un gage relativement faible avec promesse d'augmentation *successive*, et, au serviteur capable, le gage dû à sa capacité.

Le chapitre des cadeaux, en nature et en argent, offre une marge très suffisante pour leur témoigner qu'on est content d'eux et qu'on apprécie leur fidélité; à certaines époques de l'année, dans certaines circonstances de famille, un vêtement neuf, un coupon d'étoffe, un objet de toilette, une pièce d'argent pour payer la place au théâtre, au cirque, au chemin de fer, un petit subside en cas de deuil, de noce, de baptême dans leurs familles, une bouteille de vin, une livre de chocolat pour quelque parente vieille ou malade, telles sont les générosités envers les serviteurs, bien préférables à de froids calculs arithmétiques, parce que, partis du cœur des plus favorisés de la fortune, elles vont au cœur de leurs humbles frères.

Les cadeaux *en nature*, au moment des étrennes, sont dans beaucoup de maisons une louable coutume qui presque toujours fait grand plaisir aux serviteurs et les attache par ces mêmes liens de reconnaissance intime, qui créent un réciproque attachement. On ne saurait trop insister sur ce point qu'il les faut choisir judicieusement, *neufs* et de *bonne qualité*.

L'abandon de vieux vêtements, de chaussures fatiguées, ne peut être considéré comme *cadeau*. Les objets donnés ne peuvent faire un bon service étant déjà à demi usés. Les étoffes, la coupe, la garniture, ne conviennent pas à une domestique. D'autre part, il n'est pas convenable que la cuisinière ou la femme de chambre porte les vêtements qu'on a vus à la maîtresse; enfin, dans l'espoir de posséder un jour la robe ou le vêtement convoités, leur décadence peut se trouver hâtée par des procédés plus ingénieux que délicats. Il ne manque pas de vestiaires charitables où la démise peut être utilisée, et, une fois le pli pris par les domestiques de n'en rien attendre, ils s'y feront d'autant plus facilement que la générosité des maîtres aura compensé largement par un cadeau utile et pratique une perte plus apparente que réelle.

La question des étrennes en argent est toujours traitée comme celle du contrat de louage. Les maîtres ne doivent rien changer à sa quotité, c'est somme due. S'ils veulent à cette époque témoigner leur satisfaction ou leur mécontentement à un serviteur, c'est la valeur du cadeau en nature qui en fournira les moyens. Quelques paroles bien choisies, dites d'un ton bienveillant ou un peu froid, suivant la circonstance, soulignent l'intention.

Il y a des pays où le gage se paie une fois l'an. La coutume parisienne de paiement par mois me paraît préférable sous tous les rapports. J'ai vu, dans des provinces reculées, des abus inouïs à ce sujet : les fidèles domestiques, ne recevant pas de gages pendant vingt ou trente ans, touchant l'arriéré d'un coup et perdant ainsi l'intérêt de leur argent de façon à être lésés d'une somme considérable. Le gage des serviteurs est considéré par les lois même comme une dette si rigoureuse qu'il fait partie des créances privilégiées, c'est-à-dire qu'en cas de faillite il n'entre pas dans la répartition proportionnelle du fonds restant, mais est payé intégralement.

A ces deux éléments de salaire : le gage, la nourriture, viennent s'ajouter le logement, le blanchissage, le chauffage et l'éclairage. De ceux-ci nous n'aurons rien à dire, puisque le domestique, passant sa vie presque tout entière dans l'appartement des maîtres, se trouve éclairé et chauffé tout naturellement. Nous rappellerons cependant qu'il est inhumain de faire travailler une femme de chambre l'hiver dans une pièce sans feu. Que de fois une pauvre fille, prédisposée par atavisme ou par débilité constitutionnelle aux maladies de poitrine, a pris dans ces conditions un rhume, bientôt lancé sur la pente fatale de la phtisie pulmonaire !

Dans le même ordre d'idées, ajoutons que les lits doivent toujours avoir un nombre suffisant de couvertures pour l'hiver.

Le blanchissage est un point important pour l'hygiène. Il ne faut pas se prêter aux fantaisies des domestiques femmes qui veulent, on ne sait pour quelle raison, *faire leur savonnage*. A la campagne passe encore, mais à la ville on n'a ni le temps ni l'espace voulus pour cette opération, — le séchage à lui seul est toute une affaire.

Il faut exiger que tout le linge de corps au moins passe à la lessive de façon régulière, et faire la chasse aux entassements de linge souillé dans les coins.

Une maîtresse de maison soucieuse de ses devoirs veille à ce que le linge de ses domestiques revienne au complet de chez le blanchisseur et se fait l'arbitre des contestations qui s'élèvent sur ce point.

Bien qu'elle tende à tomber en désuétude, la vieille coutume qui faisait du maître le protecteur, le tuteur de « son domestique », existe encore dans les bonnes familles. On n'a point cessé d'y penser que là où sont la force et l'autorité, le devoir de protection envers les inférieurs est inéluctable.

Le logement comprend la possession d'une chambre *saine*, *close* et suffisamment meublée.

A ce sujet, pages sur pages pourraient se dérouler ici, mais que n'a-t-on pas dit déjà sur la fatale, l'horrible promiscuité des chambres de domestiques reléguées sous les toits dans nos demeures modernes !... Si j'effleure en passant cette question, c'est pour appeler la pitié de mes jeunes lectrices sur leurs humbles sœurs, et leur mettre au cœur le désir de remédier, autant qu'il leur sera possible, aux lamentables suites d'un si grand mal.

On peut parfois, en se gênant un peu, faire coucher dans une lingerie, dans un cabinet de débarras, une toute jeune femme de chambre : un lit pliant, houssé dans la journée, tient peu de place. En tout cas, la chambre octroyée doit être propre et saine. L'ameublement d'une chambre de domestique doit comprendre :

Un lit de fer avec sommier, matelas, traversin, couverture de laine, couverture piquée pour les grands froids;

Une descente de lit;

Un lavabo ou une petite table avec cuvette et pot à eau;

Une armoire avec rayons et penderie, ou bien une commode et un porte-manteau, deux chaises, — une petite glace, — la vaisselle nécessaire;

Rideaux à la fenêtre.

Dans une bonne maison, on ne meuble pas les chambres des domestiques avec des armoires défoncées, des chaises dépaillées, des tables boiteuses, de la faïence ébréchée, etc.

L'ordre qui doit y régner, de la cave au grenier, ne permet point ces irrégularités. Il faut respecter dans le serviteur son semblable moins heureux, et relever en lui le sentiment de la dignité humaine, si difficile à garder pour lui dans son humble situation. Et puis il est bon que tout, dans la maison où il sert, lui rappelle les habitudes de correction qu'on exige de lui.

La question de savoir si un domestique est rigoureusement *chez lui* dans sa chambre est assez délicate.

Certains maîtres et surtout certaines maîtresses de maison, mus par un sentiment où une curiosité tyrannique a peut-être autant de part que le désir de l'ordre au logis, prétendent avoir le droit de pénétrer dans la chambre de leurs serviteurs à toute heure, en leur absence, et sans les prévenir. Il y a dans ce procédé une certaine brutalité ou simplement un manque de délicatesse.

Assurément, le chef de la famille, ou sa femme qui le

remplace, ont un droit strict de surveillance sur tout ce qui constitue le « home », — mais *summum jus, summa injuria*, dit le légiste antique, et n'est-ce pas le comble de l'offense que d'enlever à un être humain jusqu'à la possession paisible de sa chambre?

Comment donc faire? diront mes lectrices, car il faut bien s'assurer si la chambre est bien tenue, si la literie est en bon état, si rien ne révèle des larcins ou de mauvaises habitudes.

Cette surveillance nécessaire, indispensable, peut et doit s'exercer sans aucun doute, mais de loin en loin, et il est facile de trouver un prétexte (en est-il même besoin?) pour dire : « Ouvrez-moi votre chambre », et faire, devant l'intéressé, l'inspection générale. S'il n'a rien à redouter de l'œil du maître, ce sera pour lui une occasion de triompher et de recevoir des éloges; dans le cas contraire, la leçon sera rude et peut-être effi-cace.

Nous avons vu ce que le maître doit au serviteur, — les devoirs du serviteur envers le maître sont plus faciles à définir; ils se résument en ces mots : travail, probité, déférence et soumission aux ordres raisonnables des maîtres.

Le service de chaque domestique devra être réglé d'avance assez minutieusement pour que son temps soit employé utilement et de façon coordonnée. — A telle heure, dira la maîtresse de maison, vous vous lèverez, — puis vous ferez ceci, ensuite cela, après telle autre chose. Tel jour doit s'accomplir telle ou telle besogne, à tel ou tel moment. Point d'empiètement surtout d'un service sur l'autre.

La cuisinière, la femme de chambre, le valet de chambre, feront chacun ceci, cela, dans telles et telles conditions.

Il faut absolument éviter les entre-croisements de besognes, et les prétextes pour se rejeter les reproches de l'un à l'autre.

Les serviteurs doivent avoir un langage correct, s'exprimer en bons termes, sans verbiage, avec l'appellation à la troisième personne. Une tenue extérieure convenable, des vêtements propres, décents, sans trous ni taches, des chaussures en bon état, une coiffure soignée, des mains irréprochables, sont de rigueur. La fontaine de la cuisine toujours fournie d'eau, de savon, de brosses, de linge, facilite l'accomplissement de cette loi.

Pour les femmes, point de robes trop à la mode, de bijoux faux ou vrais, de coiffures à prétention. Un tablier blanc pour le service, pour le dehors un chapeau et une confection peu voyants.

Les bonnes évaporées avec des cheveux crêpés, des chignons extravagants, des blouses à sensation, ne se voient que dans les intérieurs... incorrects, très incorrects.

Il faut veiller aussi à la tenue et aux manières des serviteurs en ce qui concerne le service de la porte, c'est-à-dire l'introduction des visiteurs et clients.

Dans « une maison bien tenue », dès que le seuil est franchi, on doit se sentir dans une atmosphère de convenance, de calme, de dignité sans prétention.

Le ou la domestique qui répond à la sonnette du dehors doit d'abord ne pas faire attendre, puis répondre d'un ton poli à la personne qui se présente, escorter le visiteur ou la visiteuse jusqu'à la porte du salon ou du cabinet, annoncer son nom sans l'aboyer ; au départ, le précéder pour lui éviter la peine d'ouvrir la porte, et la refermer derrière lui, sans hâte et sans bruit.

Rien ne dispose défavorablement envers les maîtres du logis comme l'accueil maussade, la figure grognon, l'air et la voix désagréables d'un serviteur malappris. La politesse, cette menue vertu si charmante, si nécessaire à la joie du foyer, descend tout naturellement des chefs de la famille à leurs serviteurs, et l'exemple, en ceci comme en beaucoup d'autres choses, doit partir de haut.

C'est une des grandes vexations que le service impose aux domestiques, et aussi une des causes de reproches le plus souvent renouvelés, que la réponse au coup de sonnette. Il y a des maîtres qui en abusent, c'est certain, des femmes qui dérangeront dix fois, sans cause suffisante, la cuisinière ou la femme de chambre et ensuite entasseront les plaintes et les gronderies parce que le rôti est brûlé ou que le repassage n'en finit pas.

Mais, je dois en convenir, bien souvent les domestiques justifient le proverbe : « Il n'est pire sourd que celui qui ne veut pas entendre », et laissent la sonnette carillonner ou le timbre électrique continuer son incessant et irritant appel sans en tenir compte le moins du monde.

On achève de siroter son café, on écoute l'histoire à sensation contée par une commère, on finit le feuilleton du *Petit Journal*... Trim, trim, trim, trim !!!... « C'est Madame qui sonne, Joséphine ! — Eh bien ! laisse-la sonner !! » Ces choses-là arrivent à tout le monde, mais surtout, avouons-le, à ces maîtres exigeants et tracassiers dont nous parlions ci-dessus. On ne se presse pas d'obéir à leurs ordres parce qu'on en a trop souvent constaté le peu d'importance. Dans une maison bien tenue le personnel bien stylé tient à honneur d'être exact dans le devoir professionnel et les incartades sont rares.

Il dépend surtout des maîtres de n'y laisser aucun prétexte.

J'ai parlé plus haut de la soumission aux ordres et aux désirs *raisonnables* des maîtres. C'est à ceux-ci de se maintenir dans les limites de la *raison*, puisqu'on ne peut admettre de discussion avec les serviteurs. Ceci ne s'applique point aux échanges d'idées qui sont nécessaires au bon fonctionnement du service. — La maîtresse de maison doit s'entendre avec la cuisinière sur l'achat des denrées, l'emploi des restes, la préparation et le choix des menus, — avec la femme de chambre pour les divers travaux qui sont du ressort de celle-ci ; ce genre de discussion est justement le meilleur moyen d'éviter que les ordres donnés se heurtent à des impossibilités et d'arriver à leur bonne et prompte exécution.

C'est être *déraisonnable* que de déranger à chaque instant un domestique de son ouvrage pour lui faire faire « tout de suite » une course qu'on peut remettre, ou l'atteler à quelque subite fantaisie.

C'est être *déraisonnable* que de le harceler pour qu'il ait fini en un quart d'heure une besogne qui demande une heure ou deux.

C'est être *déraisonnable* que de le mettre aux ordres, pour ainsi dire, d'animaux favoris, chiens, chats, oiseaux, etc., d'exiger de lui pour eux une tendresse et des soins exagérés, de l'accabler de reproches amers si « Love » a les pattes crottées, si « Moumoute » n'a pas trouvé sa soupe à son goût, ou si la provision de graines pour la volière est un peu courte.

C'est être *déraisonnable* que de le faire veiller nuit après nuit pour vos plaisirs et de s'irriter si l'activité de son service s'en ressent pendant la journée.

Les rapports pécuniaires avec les domestiques demandent une grande exactitude et un contrôle fréquent.

Il est impossible, dans un intérieur où la maîtresse de maison ne fait pas ses achats elle-même, de ne pas confier journellement une somme d'argent de quelque importance à la cuisinière.

Le système des *livres* chez les fournisseurs ne répond pas à tous les besoins ; — il a d'ailleurs ses avantages et ses inconvénients. Le courant du marché, les dépenses diverses, demandent un stock d'argent courant à la main. Que l'on donne cet argent par petites sommes rondes, 20, 30, 50 francs, ou à échéances fixes, tous les trois jours, toutes les semaines, il faut toujours que la maîtresse de maison en arrive à compter avec sa cuisinière. D'ordinaire, celle-ci tient un livre qui est réglé au moins tous les huit jours. Attendre plus longtemps, c'est rendre le contrôle plus difficile et s'exposer à des erreurs, volontaires ou non. Les paniers ont des aptitudes chorégraphiques aussi tenaces que fâcheuses; il faut une main ferme pour les tenir au repos.

Ai-je besoin de dire ici que, jamais, sous aucun prétexte, dans une famille honorable, on ne laisse les domestiques faire des avances, et que toute la dépense de la maison passant par leurs mains doit, avant même d'être effectuée, être assurée par la « bourse du marché ».

Dans les hôtels, les cafés, les pensions, on fait payer *la casse* aux domestiques, c'est-à-dire le prix des objets ou pièces de vaisselle qu'ils brisent.

Je ne saurais approuver l'introduction de cet usage dans les bonnes maisons; il est injuste et inhumain de leur infliger cette réduction de salaire, puisque, par la nature même de leur travail, ils sont continuellement exposés à de semblables accidents. Cependant si, par suite d'étourderie, d'incapacité, d'insouciance nótoire, les dommages se multipliaient, il serait de toute justice d'en faire supporter une part notable à l'auteur du délit.

Un domestique qui s'entête à empiler la vaisselle de desserte sur les plateaux en équilibre instable, une femme de chambre qui brûle pièce sur pièce de linge parce qu'elle n'essaie pas le degré de chaleur de son fer, doivent être absolument responsables des malheurs dus à leur obstination, et l'on a le droit de retenir sur leurs gages une petite somme comme compensation. Je dis « petite » parce que la dignité des maîtres perd toujours à un marchandage en pareil cas et que la somme retenue est plutôt à considérer comme une amende que comme une restitution.

Parmi les devoirs du serviteur envers le maître

figure, il faut bien le reconnaître, l'aliénation d'une part notable de la liberté du premier.

Le maître a le droit d'interdire telle ou telle sortie, telle ou telle fréquentation à son personnel, mais il est tenu par toutes les lois de l'honneur et de l'équité à ne jamais abuser de ce droit. Au seuil du domaine de la conscience, cesse son pouvoir.

Il lui est interdit de rendre son serviteur complice, non seulement d'une mauvaise action, mais même d'un acte douteux.

Il lui doit rigoureusement la facilité d'accomplir les prescriptions de sa religion; — catholiques, protestants ou juifs auront la facilité de se rendre à l'église, au temple ou à la synagogue. Du reste, il y a dans tous les cultes des offices à des heures commodes pour les domestiques, et, dans les familles où l'on a des habitudes régulières à cet égard, on s'arrange toujours de manière que la domesticité ne soit point entravée pour l'accomplissement de ses devoirs religieux.

On ne peut leur refuser de voir les membres de leur famille, mais on peut exiger d'eux qu'ils n'abusent point de cette permission.

Il faut se montrer sévère sur certaines fréquentations, empêcher autant qu'on peut les mauvaises connaissances, et, dans tous les cas, faire respecter l'intérieur et interdire les visites des amis et amies venant s'installer dans la cuisine, bavarder et consommer.

*
* *

Il est presque toujours très pénible de donner congé à un domestique; c'est une nécessité qui, hélas! peut se reproduire plus d'une fois, même dans les maisons les mieux gouvernées. Pour assurer aux domestiques une garantie contre les caprices injustifiables des maîtres, l'usage, qui fait loi en pareil cas, a créé le terme « donner ses huit jours ».

On se donne huit jours de part et d'autre, le maître pour chercher un serviteur, le serviteur pour trouver une condition.

A moins de faute très grave contre les mœurs, la probité, les convenances, ce qui implique le renvoi immédiat, sur l'heure même, le domestique congédié a droit pendant cette semaine de grâce aux avantages dont il a joui jusqu'alors, et le maître, au service du domestique, à condition toutefois de laisser à celui-ci une liberté relative et raisonnable pour se procurer un nouvel emploi.

Le maître peut visiter la malle du serviteur qui part, mais c'est là une cérémonie dont il vaut mieux se dispenser, car elle est inutile et dérisoire.

Il est évident que les gens qui vous volent ne cachent pas ce qu'ils ont volé dans la malle qu'ils vous donnent complaisamment à inspecter. Il ne manque pas de recéleurs en d'autres lieux.

Tous les comptes doivent être réglés et il faut s'assurer chez les fournisseurs, surtout s'il s'agit d'une cuisinière, qu'il n'y a eu ni prêts au domestique congédié, ni retard dans ses paiements pour la maison.

Le certificat est une grosse pierre d'achoppement et j'ai le regret de constater que bien des gens y butent.

Il y a de bons cœurs qui se disent : « Pourquoi nuire à un pauvre diable et l'empêcher de se placer? »

Il y a des... prudents qui craignent les vengeances,

les calomnies, la mise en quarantaine de la maison.

Il y a des insouciants qui pratiquent la doctrine du laisser-faire et du laisser-aller, haussant les épaules avec un : « Qu'il aille se faire pendre ailleurs ! » et signent des certificats de complaisance.

Les honnêtes gens, ceux qui veulent la loyauté et la charité, sont parfois très embarrassés. Nous croyons pouvoir donner quelques conseils précis à cet égard.

Quand il y a vice constaté, n'hésitez pas et refusez tout certificat qui puisse aider le requérant à faire du mal ailleurs.

Quand il y a incapacité, paresse, gourmandise, etc., ou simplement mauvais caractère, passez une éponge sur les souvenirs fâcheux et formulez le certificat de telle sorte qu'il demeure neutre pour ainsi dire.

Exemple : « Je certifie que la nommée X... est entrée à mon service tel jour, en est sortie tel jour, et que durant ce laps de temps je n'ai pas eu à me plaindre d'elle sous le rapport de la probité et des mœurs. »

On peut varier cette formule. Mais le fond restera toujours une attestation négative qui n'engage en rien la responsabilité du signataire.

Quant au certificat élogieux, il est aisé à faire et point n'est besoin d'en donner le modèle.

À ce propos de certificat, je conterai ici une anecdocte qui m'est personnelle et dont les jeunes maîtresses de maison qui me font l'honneur de me lire pourront tirer une utile leçon.

J'habitais depuis peu de temps une petite ville manufacturière et militaire où il était excessivement difficile de se procurer de bons serviteurs.

J'avais dû laisser les anciens dans le pays éloigné

d'où je venais, et me trouvais dans un grand embarras.

Après plusieurs essais, tous plus malheureux les uns que les autres, je finis par arrêter une fille de trente-cinq à quarante ans, parfaite cuisinière, ayant servi dans des maisons fort honorables, de bonne façon d'ailleurs, quoique d'un air un peu sombre.

Elle avait les certificats les plus élogieux, signés par des personnes du pays ou des environs que je connaissais de nom.

Les premiers jours, son service me parut répondre de tous points à ces promesses favorables, mais peu à peu son caractère devint bizarre, irascible, violent... Au bout de six semaines, je dus la renvoyer, et il me fallut l'intervention de la police pour la forcer à partir.

En me quittant, elle entra dans une très bonne maison du pays pour en sortir quelques semaines plus tard... elle avait voulu larder le valet de chambre à coups de couteau! J'appris alors ce qu'on aurait bien pu et dû me dire plus tôt : la malheureuse sortait d'une maison de folles !

Elle avait en effet été une excellente domestique jusqu'au jour où une absurde histoire d'amour avait tourné sa pauvre tête. Les certificats étaient authentiques, mais elle avait changé leur date !

Et voilà comment, même ce que l'on voit, il ne faut pas toujours le croire.

* *
*

Le gouvernement moral des serviteurs est une tâche délicate, malaisée, épineuse entre toutes, je dirais même ingrate si elle n'avait pour résultat immédiat la paix et le confort dans la vie de famille.

Il y faut une discipline exacte et pourtant large, une tolérance sans faiblesse, une vigilance sans tyrannie. La maîtresse de maison doit avoir la main souple, légère et ferme, les yeux ouverts... sauf à baisser parfois les paupières, l'oreille au guet... mais souvent un peu dure.

En effet, s'il fallait reprendre de façon acerbe ou pédante nos serviteurs chaque fois qu'ils sont dans leur tort, on leur rendrait la vie insoutenable, à soi aussi d'ailleurs.

En thèse générale, dans « une maison bien tenue », il y a un ensemble de lois, de règles, de coutumes, auxquelles la domesticité doit se soumettre pour que le service marche sans à-coups.

C'est à leur maintien que doit veiller la maîtresse de maison, mais, pour le menu détail, c'est harasser les domestiques de tracasseries inutiles que de les poursuivre de pièce en pièce, de minute en minute, surtout quand on n'a pas à les former.

Qu'ils nettoient les chaussures en commençant par telle ou telle paire, qu'ils balaient la salle à manger de gauche à droite ou de droite à gauche, qu'importe? l'essentiel étant que les chaussures soient nettoyées et mises en place, les appartements propres et en ordre à l'heure voulue.

Je l'ai déjà dit, et je le répète pour en bien persuader mes lectrices, ce qui fait le bon service, ce sont les bonnes habitudes prises et conservées, grâce à la surveillance de la maîtresse de maison, mais cette surveillance, pour aboutir à un bon résultat, doit s'exercer en grand, de haut, sans minutie tracassière.

On ouvre les portes d'une armoire de cuisine :

« Catherine, votre armoire est en désordre; voilà des planches graisseuses, des assiettes mal lavées, etc.

— Madame, je n'ai pas eu le temps, avec tout ce qu'il y a à faire ici!

— Je sais que cette semaine, vous avez eu plus d'ouvrage qu'à l'ordinaire, mais aujourd'hui, il n'y a que très peu de cuisine à faire, Monsieur ne dînant pas à la maison; profitez-en pour faire votre nettoyage et que demain je n'aie que des compliments à vous faire. »

Et si Catherine est une bonne domestique, elle se mettra en quatre pour réparer sa négligence.

Les compliments! C'est un grand moyen de dressage, comme les carottes pour les chevaux savants.

Quand ils sont justes, sincères sans exagération et appliqués au bon moment, ils stimulent le zèle des domestiques capables à un point incroyable.

J'ai obtenu des merveilles, de sujets réputés indomptables, avec des compliments ou plutôt des éloges; — leur privation était à elle seule un moyen de gouvernement. J'en dirai autant quant à la façon de commander, de parler même aux domestiques.

Il y faut mettre une grande bienveillance, *sans familiarité*, — j'insiste sur ce point, — c'est plutôt dans le son de la voix, dans le regard, dans *l'air* de toute la personne, que se traduit cette bienveillance. Elle est très chère aux bons serviteurs. Que de fois il m'a suffi d'une certaine froideur dans le ton ou la physionomie pour empêcher les écarts de se manifester ou de se continuer!

La nature humaine étant par essence imparfaite, il y a des moments où, même dans le meilleur service, la machine se détraque et tout va de travers. Il faut bien alors gronder et parfois aller jusqu'à une menace d'expulsion, — c'est ce que ma grand'mère appelait « remonter l'horloge ».

Les gens sages et prudents prennent sur eux et font cette besogne froidement, d'une manière austère et doctrinaire; les gens vifs se laissent aller à leur indignation, crient et tempêtent... Ceux-ci ne font pas grand'-peur aux domestiques, mais faut-il l'avouer? ils sont bien plus aimés que les premiers.

D'abord, se mettre en colère est un tort que se donne le maître, ce qui diminue la distance entre le domestique et lui, et puis un petit orage éclaircit l'air et chasse les nuages.

Parler haut, vite, bref, de la part du maître, n'est pas grand péché; ce qu'il faut éviter à tout prix, ce sont les querelles, les injures personnelles de maître à serviteur, et *vice versa*. Les femmes très impressionnables sont sujettes à tomber dans ce fâcheux travers. Servante et maîtresse s'exaltent réciproquement et le drame va son train, au grand mécontentement du mari, au grand effroi des bébés et... parfois à la grande risée du voisinage.

En cas de reproches graves ou de congé à donner, ne laissez donc jamais la discussion dégénérer en dispute, ces choses-là ne se voient ni ne s'entendent dans « une maison bien tenue ».

Les jeunes maîtresses de maison, encore novices dans la notion de l'emploi du temps, ou les personnes d'esprit brouillon, de cervelle frivole, d'intelligence confuse, ont souvent le tort très grave de donner des ordres contradictoires ou mal placés. Rien ne déconcerte, ne décourage, n'agace, n'irrite même les domestiques comme ce défaut qui a le grave inconvénient de rendre leur service non seulement difficile, mais presque impossible.

Tiraillés en tous sens, ne sachant à qui entendre, que commencer, que continuer, que finir, ils courent au plus pressé, laissent leurs besognes à moitié faites, sont grondés, malmenés, répondent avec humeur et... c'est le chaos *at home!* Une maîtresse de maison sérieuse et entendue doit être à même de se rendre compte exactement du temps que réclament toutes ou presque toutes les tâches imposées à ses domestiques.

Comment en effet conserver ce prestige qui est la base de l'autorité, lorsqu'on commet de grosses erreurs quant à la durée ou à la qualité du travail, lorsque, dans ses ordres, on met, suivant le dicton populaire, « la charrue avant les bœufs » et qu'on prête à rire de ses inepties à un personnel irrévérencieux par nature et par situation ?

Les jeunes femmes qui entrent dans la vie de ménage en ce xxe siècle doivent bien se persuader de cette vérité, à peine entrevue par leurs mères, et à peine soupçonnée par leurs grand'mères : les idées ont marché à pas de géant sur la route démocratique, les vieilles traditions de hiérarchie sociale, de respect des classes supérieures, s'en vont peu à peu vers le sac aux vieilles lunes, où elles rejoindront pas mal de leurs compagnes d'antan.

Le « struggle for life », voilà le grand ressort qui met la machine en branle!... Sous son impulsion, chacun se case à sa place ou à peu près, fait ce qu'il a à faire, reçoit en échange son salaire et ne se croit tenu ni au respect ni même à la déférence envers ceux qui l'emploient. C'est donc uniquement par l'élévation du caractère, la continuité du bon exemple, par la justice, la bienveillance, la force morale, que le maître acquiert sur le serviteur une autorité incontestée.

Et quand à ces qualités de « maistrance » s'ajoutent la bonté compatissante, le dévouement aux intérêts des humbles, la vraie fraternité comprise selon l'Évangile, alors, maîtres et serviteurs peuvent, quelquefois, former réellement la « famille ».

CHAPITRE V

Approvisionnement.

« Semblable à un vaisseau chargé de mar-
« chandises précieuses, elle vient vers nous. »
Salomon, *Les Proverbes*.

C'est de la *femme forte* que l'Écriture parle ainsi, et si on la comprend au sens littéral, elle prouve que, de tous temps, la femme, maîtresse du logis, a eu la charge d'en assurer l'approvisionnement.

Dans les intérieurs modestes, où l'on n'a que peu ou point de serviteurs, la mère de famille va au marché et souvent, se conformant jusqu'au bout au texte biblique, rapporte elle-même ses achats.

Les Parisiennes mettent à cela une grâce toute particulière; petit paquet de-ci, petite boîte de-là, soutenus par un nœud de ficelle ou enfouis dans le coquet « ridicule », elles trouvent moyen de transporter une invraisemblable quantité de choses, sans que la prestesse de l'allure, le dégagé des mouvements, la finesse des lignes, en soient atteints, et quand, arrivées « at home », elles ont couvert une table de ce qu'elles avaient en main, en fait d'articles variés, une provinciale resterait ébahie devant ce spectacle. (En province il est convenu que, du moment qu'on appartient à une certaine classe, on ne peut décemment porter un paquet.)

Mais ceci n'est qu'une digression, et dans cette causerie nous avons à nous occuper de la façon d'approvisionner une maison, beaucoup plus que de celle d'y faire entrer les provisions.

Nous allons traiter la question de l'approvisionnement sous le seul point de vue de l'achat des denrées et objets, leur utilisation, leur conservation, rentrant dans la spécialité des manuels d'économie domestique.

Les conditions d'achat doivent satisfaire les goûts et les convenances de la famille et aussi la sage économie habituelle dans une maison « bien tenue ».

Cette question d'économie est un des gros soucis budgétaires, aussi bien chez les particuliers que dans le gouvernement de l'État. Elle dépend presque uniquement de la maîtresse de maison qui, étant beaucoup plus à même que son mari d'apprécier les besoins réels, impérieux, de la consommation en toutes choses, possède seule des données sérieuses comme base de la dépense.

C'est à elle qu'appartient le soin de choisir, de commander, de régler avec les domestiques et les fournisseurs et de tirer le meilleur parti possible des sommes mises à sa disposition par le mari, chef de la communauté. C'est à elle qu'incombe la tâche ardue d'empêcher le gaspillage, les détériorations, les excès d'emplettes ou d'emploi, enfin tout ce qu'on entend par le terme si expressif de « coulage ».

En ceci, comme sur bien d'autres points, c'est l'ensemble de bonnes habitudes, sévèrement maintenues, bien plus que la fréquence d'une surveillance taquine et tracassière, qui assure le bon fonctionnement du service.

La tenue d'une maison comporte divers genres d'approvisionnements.

Il y a d'abord l'approvisionnement quotidien assuré par les achats au marché et chez certains fournisseurs, puis les approvisionnements proprement dits.

Ceux-ci n'ont plus guère de raison d'être qu'à la campagne, où il faut se trouver sur place en mesure de faire face à toutes les éventualités.

A la ville, avec les facilités de toutes sortes que l'on rencontre à chaque pas, pour ainsi dire, les provisions sont choses tout à fait contraires au confortable et à l'économie.

Au confortable d'abord ; parce que, pour ne pas laisser perdre les denrées entassées, on les consomme, sinon avariées, au moins défraîchies. On fait ainsi gronder le mari, grogner les enfants, murmurer les domestiques qui se voient condamnés aux restes à perpétuité. L'agrément de la vie y perd considérablement, et l'économie encore plus.

Il y a en effet des altérations sur lesquelles la volonté, la plus édifiante abnégation, ne peuvent faire passer : du beurre ultra-rance, des confitures fermentées, du fromage moisi, des biscuits émiettés, des sirops aigris, du vin tourné, ne sont plus bons qu'à jeter ; on perd donc la somme qu'ils ont coûté aussi complètement que si elle était volée ou anéantie.

J'entends déjà s'élever l'objection : « Mais si l'on prend les précautions voulues pour conserver les denrées, les accidents de ce genre ne se produisent pas. » A cela je répondrai que, si bien que l'on s'y prenne, si parfaitement outillé que l'on soit, si assidûment que l'on surveille, il y a des artisans de malheur auxquels on n'échappe pas. Le temps est le principal; l'humidité, la chaleur, la gelée, la poussière, viennent lui apporter leur aide et le résultat est... une cargaison à jeter à la mer. Il est si simple de laisser ce déchet à la charge des commerçants spéciaux! chez qui d'ailleurs il ne se produit guère, en raison du grand débit qu'ils ont, surtout s'ils ont une maison importante.

Enfin les approvisionnements, très copieux comme quantité et variété, exigent un emplacement qui n'existe guère dans les appartements de ville; de plus ils obligent à des frais de transport qui réduisent l'économie sur l'achat, car la fameuse phrase « envoyé franco à partir de... » n'est souvent qu'un leurre. Il y a toujours les menus frais de factage, les pourboires, etc., et de plus, pour arriver au *franco* promis, on majore la commande et la consommation est augmentée. Il n'y a d'intérêt réel à faire des provisions que si le train de maison est assez considérable comme personnel, comme réceptions, pour que la provision faite soit promptement consommée, ce qui permet d'abord de n'en rien perdre par altérations, et puis de faire les achats en quantités assez considérables pour obtenir des prix de gros ou au moins de demi-gros.

Mais, vont me dire des lectrices qui se piquent d'être très ferrées sur le chapitre de l'économie domestique, on peut assurer cette forte consommation en se réunissant à plusieurs pour faire venir les envois.

C'est le principe des syndicats d'alimentation, excellent quand il est appliqué sur une grande échelle, beaucoup moins efficace quand il s'agit de petits groupes.

Je veux supposer que tout ira pour le mieux dans votre association; que les cinq, six, dix personnes qui la composent seront toutes des modèles de prudence, de douceur, de loyauté, d'esprit conciliant; qu'il n'y aura ni défiances, ni susceptibilités, ni soupçons chez les associés; que la personne chargée de la répartition sera toujours comblée de louanges et de remercîments par ses copartageantes; qu'on ne réclamera jamais sur le poids du chocolat, la blancheur des bougies, la grosseur des oranges, le parfum des mandarines, le bon aspect des fruits confits, etc., que les rentrées pécuniaires se feront avec une touchante régularité, que personne n'aura « oublié sa bourse », ou ne sera « un peu gênée », ou « étonnée que l'on règle si tôt »... C'est accorder beaucoup, car, pour bien des femmes, le brevet de maîtresse de maison capable implique une forte dose de combativité. Mais, enfin, admettons, comme je l'ai dit, que tout aille pour le mieux, il n'en restera pas moins l'aléa auquel sont soumis tous les ménages.

Pour une raison ou une autre, deuil, maladie, voyages, changements de résidence, il y aura toujours un membre de l'association qui refusera sa part de telle ou telle commande, la laissant retomber sur les autres qui n'en ont que faire. Une bonne partie de l'économie se trouve ainsi annihilée; et d'ailleurs, est-elle bien notable?

Les grands fournisseurs se contentent maintenant d'un gain si minime, qu'on se fait une illusion complète quand on s'imagine qu'on pourra « gagner sur eux » en évitant leur intermédiaire.

J'ai dit : « les grands fournisseurs »; ceux-là seuls sont à même de faire face à toutes les nécessités de l'approvisionnement : bon marché, variété, quantité, fraîcheur.

Il semble assurément cruel de se ranger de leur côté contre les marchands de détail qui ont tant de peine à vivre. Le cœur saigne quand on pense aux misères de ceux-ci, à leur acharnement dans une lutte inégale où ils sont sûrs de succomber, mais dans ces pages, où la confiance de mes lectrices veut bien me suivre, malgré l'aridité du sujet, — et je leur en suis infiniment reconnaissante — je leur dois avant tout la *vérité*.

Eh bien! cette vérité, c'est que pour tous les genres d'approvisionnement, il n'y a d'économie sage et de succès assuré qu'en s'adressant aux *bonnes maisons*, non pas à celles qui font le plus de bruit, de réclame et d'étalage, mais à celles que la notoriété publique entoure et désigne à l'estime de tous.

Ces maisons-là puisent elles-mêmes aux meilleures sources de production; leur grand débit, leur crédit solide, leur assurent la fidélité de leurs fournisseurs pour le plus grand profit de leurs clients; enfin pour les règlements de compte, pour les relations avec la domesticité, il n'y a point à craindre les indélicatesses ou les petites traîtrises auxquelles auront recours les commerçants aux abois.

Quand vous avez eu la chance de trouver des fournisseurs sûrs et capables, tenez-vous-y, vous avez tout avantage à leur rester attachés.

Il y a des personnes qui se vantent de n'avoir aucun lien de cette sorte.

« Moi! je vais n'importe où, chez n'importe qui. Les marchands vous servent bien mieux les premières fois pour tâcher d'avoir votre pratique, etc. »

Qui ce raisonnement absurde peut-il persuader? Est-ce que les marchands ne sont pas en nombre limité? Et passât-on sa vie à parcourir tous les quartiers de la ville, est-ce qu'on ne retomberait pas fatalement sur les mêmes au bout d'un certain temps?

Les « bonnes familles » ne connaissent pas ces méthodes fantaisistes pour le gouvernement des choses de la vie. On s'y fait gloire des liens de fidélité réciproque qui unissent le négociant à sa clientèle, liens qui, parfois, par un touchant usage, deviennent héréditaires.

Un côté épineux des rapports avec les fournisseurs, c'est leurs relations pécuniaires avec les domestiques.

Il est excessivement rare que, sous une forme ou sous une autre, la cuisinière ne reçoive pas une prime sur ses achats, et il est impossible aux maîtres d'intervenir en ce cas, rien ne leur en donnant le droit. Tout ce qu'ils peuvent faire, c'est d'exiger impérieusement qu'on n'aille pas confier la fourniture de la maison à tel ou tel commerçant, grand ou petit, n'ayant obtenu cet avantage qu'à grands renforts de « pots de vin » donnés aux serviteurs.

C'est une tradition fort en honneur dans les intérieurs modestes, que la maîtresse de maison doit elle-même « faire son marché ».

Il y a, selon moi, beaucoup à dire sur le bien-fondé de cette prescription, car si l'on évalue la perte de temps, très considérable, le dommage causé aux vêtements, aux chaussures, les graves inconvénients du manque de surveillance « at home » pendant les heures de la matinée, on est bien forcée de convenir qu'en restant chez elle, en travaillant aux effets de la famille ou à la réparation du linge, en s'occupant du rangement de ses armoires ou de la mise en état de l'appartement, la maîtresse de maison gagne bien plus que les quelques centimes d'économie réalisés sur le marché.

Il y a toujours profit à éviter la vie errante, même quand on déambule pour les motifs les plus légitimes. Cela ne veut pas dire assurément qu'il faille s'en remettre en aveugle à la gérance de la domestique, mais il suffit pour la maintenir dans la bonne voie :

1° De se faire rendre compte des achats et de les examiner après son retour ;

2° De faire de temps à autre son petit tour de marché pour connaitre le prix moyen des choses ;

3° De passer chez les principaux fournisseurs, au moins une fois par mois.

Cette tournée d'inspection tient les gens en haleine et fait sentir le frein.

Dans les maisons de plus haut style, la cuisinière est toujours chargée des achats sous sa responsabilité, mais l'action de l' « œil du maître », ou plutôt de la maîtresse, doit se faire sentir là aussi, et le contrôle sur la quotité et la qualité des achats s'exercer sans faiblesse, si l'on veut tenir à distance le gaspillage, les larcins et le désordre.

Il ne faut jamais laisser entrer dans la maison poisson ou volaille défraîchis, gibier plus que mûr, beurre rance, fruits gâtés, etc. Cela est moins difficile à obtenir qu'on ne croirait. En stimulant l'amour-propre d'une fille intelligente et honnête, on lui fait faire des prodiges en ce sens. Elle prend à cœur l'intérêt de la maison, elle met sa gloire à avoir du beau et du bon et à ne pas le payer trop cher ; elle se fait ainsi au marché une réputation de fille capable dont elle aime l'auréole.

Si l'on a affaire à une imbécile ou à une nonchalante, il est évident qu'on n'arrivera pas à les dresser ; mieux vaut s'en défaire.

Un autre point délicat de l'achat par les domestiques est la question de *quantité*. Là aussi, la surveillance de la maîtresse est indispensable, surtout dans les premiers mois du service, car c'est là un des canaux par lequel le coulage est le plus facile et le plus dommageable. Les notes d'épicerie, de boucherie surtout, s'enflent rapidement et démesurément, et quand, au règlement du livre, la maîtresse s'effraye du nombre des kilos de viande engouffrés pendant le mois, la cuisinière ne manque pas de dire, en pleurnichant ou avec insolence, suivant son humeur :

« Je ne sais pas comment ça se fait, je n'ai pris que ce qu'il fallait ; Madame sait bien que Monsieur ne veut pas qu'on lui serve deux fois de suite le même plat de viande, et François fait la grimace ou me dit des sottises quand je veux lui faire manger le bouilli ! »

Résultat : un formidable chiffre pour la viande de boucherie dans un mois où l'on n'a eu que trois ou quatre petits dîners et où l'on a consommé, en outre, de la volaille, du gibier, du poisson et de la charcuterie fine pour une somme fort appréciable.

Des tracasseries, des reproches aigres, des menaces

de renvoi, n'améliorent point la situation, et quant à l'espoir de convertir François aux charmes du bouilli et d'empêcher la femme de chambre d'apprécier les tranches de filet, il est tout à fait vain.

Il faut tâcher avec mesure et fermeté de faire prendre à la cuisinière la bonne habitude de refuser les morceaux trop volumineux et de ne pas encombrer ses buffets de victuailles par des achats inutiles.

Je ne fais pas entrer ici en ligne de compte le manque de probité, le forcement de l'approvisionnement pour rendre plus lucrative la vente des « arlequins », des graisses, etc. Dans une maison bien tenue, on ne garde pas de domestique se livrant à de telles pratiques, mais c'est si difficile à saisir sur le fait !

« Madame se plaint parce que j'emploie trop de beurre, me disait une cuisinière bretonne; que dirait-elle si je faisais comme Corentine, qui en use treize livres par semaine chez Mme X..., où il n'y a que quatre maîtres !

— Eh bien, Corentine est une voleuse.

— Pas du tout, elle emploie tout le beurre dans la sauce, mais quand le plat est revenu de la table des maîtres, elle remet le beurre dans un pot et le vend toutes les semaines à la petite auberge du coin. Puisque c'est un reste, elle ne le vole pas ! »

Cette casuistique mène loin, et, sous prétexte de restes, que de choses disparaissent ainsi !

Une maîtresse de maison entendue qui sait se rendre compte de ce qu'exige la consommation *normale* de sa maison, supputer ce qu'y ajoute l'extraordinaire : dîners, réceptions, etc., et ne craint pas de faire l'enquête journalière et nécessaire sur l'emploi des denrées, arrive à beaucoup diminuer le mal de « coulage ». Le supprimer entièrement est, hélas ! à peu près impossible. On tâche de faire la part du feu aussi petite qu'il se peut, mais à moins de se servir soi-même on n'évitera pas cette part du feu.

En Angleterre la *house keeper* a la clef de l'office où sont enfermées, sous bonne garde, les provisions ; elle les distribue aux domestiques et règle la consommation.

Mais en France, nos maisons, si mal combinées pour l'économie domestique, n'ont le plus souvent point d'office ; la « house keeper » (femme de charge) ne se voit que dans les familles très riches où il y a une nombreuse domesticité, et là même, elle ne pourrait apporter à l'accomplissement de ses fonctions la rigidité pointilleuse de la ménagère d'outre-mer.

Dans le Nord, les maîtresses de maison se rapprochent des mœurs anglaises ; mais dans tout le reste de la France !...

Je ne veux pas prétendre que les Françaises n'entendent rien au ménage, mais il est certain qu'elles n'en ont point la passion. On ne peut exiger d'elles la stricte et froide régularité des races du Nord ; mais, après tout, combien d'elles savent bien gouverner leur intérieur, se rendre agréables à leur mari, à leurs enfants, à leurs amis, et ne point trop dépenser !

Que mes lectrices ne se fassent point d'illusions : pour arriver à cet heureux résultat, il a toujours fallu, il faut encore, bien plus maintenant qu'autrefois, que la maîtresse de maison suive de près, non seulement l'achat des provisions, mais leur utilisation.

Quand la cuisinière revient du marché et que « Madame » assiste au déballage du panier, c'est une occasion tout indiquée de faire les observations utilement; j'ai dit *observations* et non *critiques*, car la louange doit y trouver place aussi bien que le blâme, la justice et la vérité devant toujours garder leurs droits. Les compliments mérités sont un bon mode de gouvernement; ils permettent les reproches, mérités aussi.

Cette revue des achats de ménage a de plus l'avantage d'assurer leur bon emploi. D'accord avec la cuisinière on décide que telle ou telle pièce sera apprêtée de telle ou telle façon, que celle-ci sera réservée, que celle-là presse ou peut attendre.

Tout cela ne demande pas un quart d'heure, et c'est ainsi que dans une « maison bien tenue » s'établit la coutume si profitable à l'hygiène morale et physique d'avoir une « bonne table » sans dépense exagérée.

L'homme n'est ni ange ni bête[1], dit le plus grand de nos philosophes; n'étant point un ange, il lui faut manger, boire et se chauffer, s'éclairer, se vêtir; mais, n'étant pas une bête, il veut qu'à ces diverses fonctions s'ajoute la somme de confortable, de sécurité, d'agrément même, que peuvent lui offrir son rang et sa condition de fortune; c'est, je ne crains pas de le répéter jusqu'à en radoter (n'en déplaise au clan des revendications féministes), c'est sur la femme, sur sa femme quand il est marié, sur ses filles quand elles sont élevées, que le chef de famille doit pouvoir compter pour que chacun, sous son toit, ait sa part légitime du bien-être payé par son travail.

1. Pascal, *Pensées.*

CHAPITRE VI

Les déménagements.

Nos aïeux, dont les lourds et encombrants mobiliers, les énormes stocks de linge, les bibliothèques garnies de redoutables in-folio, exigeaient des mœurs sédentaires, mettaient les déménagements parmi les fléaux qui assiègent l'humanité.

« Trois déménagements valent un incendie », disait un vieux proverbe.

Nous n'en sommes plus là, tant s'en faut. Les voitures capitonnées reçoivent dans leurs flancs hospitaliers nos frêles chaises dorées, nos fauteuils Louis XV, nos petits bahuts coquets, nos petites tables à étagères compliquées, nos armoires à glace à galeries ajourées, etc., etc., sans leur infliger trop d'avaries.

D'autre part, la vie errante que nous ont créée les chemins de fer, les billets de parcours, la villégiature, les villes d'eaux, les grandes plages, les « petits trous pas chers », ont habitué les familles à transporter fréquemment leurs personnes et leurs pénates d'un endroit à un autre.

Sous ce rapport, entre une maîtresse de maison de l'an 1900 et sa grand'mère, il y a plusieurs siècles de différence.

Il est peu de personnes qui n'aient eu ou ne doivent avoir à déménager peu ou prou, ne fût-ce que pour aller aux bains de mer.

Les fonctionnaires, si haut placés qu'ils soient, sont toujours à la veille d'un déménagement, les familles d'officiers de l'armée ou de la marine sont dans le même cas ; je pense donc être utile, et peut-être agréable à mes lectrices, en traitant avec elles ce sujet, dont on ne parle guère dans les manuels d'économie domestique, et qui cependant a une sérieuse importance dans la vie d'une maîtresse de maison.

* *
*

Il y a des déménagements grands, moyens et petits. Les uns ne réclament qu'un ou deux jours de préparatifs, les autres des semaines.

En vertu de l'axiome : *Qui peut le plus peut le moins*, commençons vaillamment par le grand déménagement ; les autres, dans le détail, participeront toujours un peu de celui-là.

« Un grand déménagement ! » Par ces trois mots redoutables, je désigne ce bouleversement total de l'existence qui envoie d'un bout à l'autre de la France, ou seulement d'une résidence à une autre, toute une famille et tout ce qu'elle possède de mobilier et d'effets.

Cette sorte de déménagement implique forcément la nécessité de ne laisser derrière soi que les quatre murs, d'arriver dans un logis qui n'a à vous offrir également que les quatre murs, et, entre les deux, la privation d'une foule d'objets de confort et d'agrément.

Un grand déménagement demande au moins trois semaines de préparation, six même, dans le cas où les maître et maîtresse de la maison s'en occuperaient eux-mêmes.

Ici j'entends déjà s'élever un concert de protestations : « Est-ce qu'on s'occupe soi-même, autrement que par une surveillance générale, de ces choses-là ! Il y a des gens dont c'est le métier ; on s'adresse à eux : s'ils font mal leur besogne, c'est leur affaire, puisqu'ils répondent de la casse, etc., etc. »

Distinguons : si la valeur de votre mobilier, de vos bibelots, de vos livres, est considérable ; d'une autre part, si vos revenus sont tels que vous n'ayez pas à vous préoccuper d'un lourd surcroît de dépenses, alors, en effet, vous pourrez vous donner le luxe d'un emballage fait par les maîtres de l'art, et leur confier vos trésors les yeux fermés, ou tout ou moins demi-clos ; mais si, et c'est le cas le plus répandu, vous n'avez à votre service que les employés des entreprises de déménagement, même des meilleures, vous avez à craindre des catastrophes.

Ces gens toujours pressés, toujours harcelés par les patrons pour faire vite et libérer ainsi le plus promptement possible un coûteux matériel, négligent forcément cette foule de petites précautions nécessaires à la sécurité des choses délicates. Ceux d'entre eux qui sont très habiles et ont une longue expérience arrivent souvent, presque toujours même, je le reconnais, à un résultat à peu près satisfaisant.

Avec eux la « part du feu » est minime et le déballage sans angoisses ; mais les autres ! les apprentis, les novices, les lourdauds, les imbéciles, les maladroits, les « sans-gêne » et les « sans-souci », les indifférents, les brutes ?... Et il y en a beaucoup de cette sorte, beaucoup plus que des autres, et c'est à ceux-là que sont dus les désastres : les tableaux crevés, les glaces brisées, les beaux services dépareillés, les pendules détraquées, les potiches fendues, les reliures élégantes rayées et froissées.

Quant à la fameuse clause de la responsabilité et du remplacement, n'est-ce pas une dérision quand il s'agit d'objets précieux par leur rareté même ?

Nous remplacera-t-on un plat de Moutiers, une fontaine de vieux Rouen, une porcelaine de Chine de la Compagnie des Indes ?... En faire payer la valeur pécuniaire ne compensera jamais la perte subie.

Les vrais amateurs savent ce que la complète intégrité d'une pièce ajoute à son mérite, et quel crève-cœur c'est de voir anéantir un objet longtemps choyé et admiré.

Tout le monde n'est pas collectionneur, mais, dans une bonne maison, il y a toujours un fonds considérable de cristaux, porcelaines, faïences, pour les divers usages de la table, de la toilette, de l'agrément. Généralement, ils sont par séries, par « services », c'est le terme commercial. Quel ennui si l'emballage défectueux fait briser les pièces, dépareiller des services anciens dont on ne trouve plus les modèles dans l'industrie, et force à l'achat de tout un coûteux ensemble !

Ces graves désagréments, ces pertes sérieuses, peuvent être évités en tout ou partie, quand la maîtresse de maison a le courage et le savoir-faire d'emballer elle-même, oui, elle-même ! — que mes lectrices ne se récrient pas trop — les objets précieux et les services fins.

Mais quel moment, quand on décloue les dessus de caisse, que celui où les planches, levées lentement, à petites secousses, laissent voir l'intérieur, où l'on plonge une main inquiète dans la couche de varech ! où l'oreille guette avec angoisse le fatal cliquetis des morceaux brisés, où les yeux dévorent les profondeurs traîtresses qui cachent peut-être de si sombres mystères ! Mais aussi quelle joie, quel triomphe, quand le papier, déroulé avec soin, dévoile les lignes pures d'une statuette, le brillant émail d'une faïence, les arabesques dorées d'une fine porcelaine ! Et quand tous ces trésors se rangent sur la table en un délicieux pêle-mêle, que, papiers et varech rejetés dans la caisse vide, on s'écrie gaîment : « A une autre ! » comme on est payé de ses peines !

Mais on pense de quels soins, de quels travaux s'acquiert ce bonheur ; je vais tenter d'en donner l'idée avec une minutieuse exactitude qui permettra aux jeunes maîtresses de faire, ou de faire faire par quelque serviteur intelligent et adroit, les emballages les plus compliqués en apparence. Avant d'entrer dans le détail cependant, il convient d'indiquer l'ordre des opérations.

La première chose à faire est de se renseigner sur les conditions de transport comme prix, durée et garanties ; les renseignements pris sont consignés sur un carnet spécial, qui deviendra le « livre du déménagement », où viendront se classer, par la suite, toutes les indications relatives à ce sujet. On fait marché avec un entrepreneur de transports; ce marché doit être conclu par traité, sur papier timbré de préférence, si l'entreprise est considérable. La responsabilité des risques y est nettement établie, ainsi que l'époque du paiement, le délai maximum et les conditions de transport. Beaucoup de personnes, croyant s'éviter des ennuis — au-devant desquels elles courent — font un marché à forfait, livrent sans aucun contrôle leur maison ouverte, leur mobilier, leurs objets précieux, leur vaisselle, cristaux, linge, etc., aux déménageurs. La fameuse phrase : « Ces gens-là ont l'habitude de leur métier, et d'ailleurs l'entrepreneur répond de la casse », sert d'excuse pour leur négligence, leur paresse ou leur incapacité.

Agir ainsi, c'est ouvrir la porte toute grande au cortège des fléaux accompagnant un déménagement mal compris : détériorations, pertes, larcins, etc. Si l'on a l'intention bien arrêtée de faire ou de faire faire sous ses ordres l'emballage des objets fins, il faut s'entendre, sur ce point, avec l'entrepreneur du déménagement, car il vous déclarera péremptoirement qu'il n'est pas responsable des emballages faits par d'autres personnes que ses agents, ce qui est d'ailleurs de toute justice. La réponse est facile : « Je vous livrerai les caisses fermées, clouées et numérotées; je n'aurai à réclamer de vous que livraison dans l'état où vous les avez reçues. »

Il faut aussi qu'il y ait entente préalable sur les voies et moyens employés pour le transport des meubles.

Il peut se faire de plusieurs façons.

1° Par wagons, en *vrac*. Ce moyen n'est applicable qu'au gros mobilier de cuisine, aux caisses clouées, à tout ce qui ne craint ni heurts ni intempéries.

2° Par wagons, en caisses. C'est coûteux et long et compliqué, car il faut ajouter aux frais des caisses et de l'emballage les transports du domicile à la gare et de la gare au domicile, puis le déballage des caisses, et, si l'on n'a pas d'emplacement pour les ranger, leur démolition.

3° En wagons, avec emballage pour chaque meuble, méthode coûteuse à l'excès et pas très sûre, surtout pour les sièges fins.

4° Par voitures capitonnées ou à peu près.

Ceci est presque la perfection. On prend vos meubles chez vous, et on vous les remet en place chez vous, à l'arrivée.

Ils font le trajet dans un vaste récipient fermé et plombé, où ils sont si ingénieusement serrés, pressés, entre-croisés, qu'ils ne peuvent faire un faux mouvement.

Ce système a de plus le très grand avantage de permettre le placement immédiat de cette multitude d'objets que comporte la tenue d'un ménage et aussi d'une foule de petits ballots, petites caisses, petits paquets qu'on insère partout où se trouve un vide à combler.

Enfin il offre toute sécurité contre le vol, au moins pendant le voyage, puisque la voiture, une fois pleine, est plombée, fermée, scellée, pour ne s'ouvrir que devant vous, à la porte du nouveau domicile.

L'échange du traité en double expédition fait, le jour pris, vous n'avez plus qu'à vous préparer à recevoir les déménageurs.

Cette préparation consiste à tenir prêts malles, caisses, paquets, ballots, etc., et aussi à réunir dans une pièce exclusivement affectée à cet usage tout ce qu'on emportera avec soi, enfin à tenir à la disposition des hommes de peine de vieux tapis, des housses, de vieux rideaux, de vieux draps même, tout ce qui peut servir à préserver les meubles fins de tout contact entre eux.

Enfin, il faut discerner entre ce qu'on emportera avec soi et ce qui sera confié aux voitures de déménagement. Celles-ci vont partout maintenant, jusque dans les localités les plus reculées, puisqu'il suffit, là où le chemin de fer cesse, de les poser sur leurs roues qu'on emporte avec elles.

Il ne faut donc prendre, si l'on veut éviter d'une part l'encombrement qui complique une situation déjà compliquée, et de l'autre les frais très lourds de transport en grande vitesse, que des effets personnels, un peu de linge et les objets précieux, tels que argenterie, bijoux, papiers de famille, etc. On choisit une armoire où l'on dépose sous bonne clé ce qui doit être compris dans cette catégorie et l'on n'y revient plus sans besoin.

*
* *

Avant de commencer le grand travail de l'emballage, il faut se procurer en quantité suffisante des caisses, du foin ou du varech.

J'ai toujours préféré le varech au foin pour nombre de raisons. D'abord il *emballe* mieux, étant plus élastique, fait moins de poussière, et enfin a le grand avantage de pouvoir être conservé en sacs ou de remplir des matelas de dessous pour lits de domestiques, lits d'enfants, etc.

J'ai entendu vanter la combinaison qui consiste à défaire les matelas et à employer leur laine pour remplir les caisses de faïences.

C'est là un détestable système. D'abord la laine emballe très mal, parce qu'elle se tasse et laisse des vides; ensuite elle est d'un maniement désagréable; puis on a besoin promptement de ses matelas en arrivant, si l'on ne veut pas voir le séjour à l'hôtel se prolonger outre mesure, au grand détriment de la bourse et du confortable; enfin les matelas sont précieux, indispensables même pour préserver les glaces et les meubles fins dans les voitures de déménagement.

Le foin coûte cher et ne peut servir à quoi que ce soit après le déballage.

On trouve des caisses très commodes chez les épiciers; celles à chocolat, à savon, à bougies, à conserves, sont tout particulièrement recommandables parcé qu'elles sont propres, solides et point trop volumineuses.

Les grandes caisses ont de graves inconvénients. L'emballage y est beaucoup plus difficile et moins sûr que dans les caisses moyennes, et s'il s'agit de livres, elles ont un poids exorbitant qui expose les ouvriers déménageurs à des accidents.

Si l'on n'a pu se procurer les caisses avec leurs couvercles ou dessus, il faut, avant de commencer l'emballage, faire ajuster les planches pour ces dessus, car il est nécessaire, pour éviter les malheurs, de pouvoir fermer une caisse aussitôt qu'elle est remplie.

On marque caisses et dessus d'un chiffre un peu grand, peint à l'ocre rouge.

Pour les ballots de linge, les vieux rideaux peuvent

servir, mais ils offrent peu de résistance et sont d'ailleurs bien mieux employés à couvrir les glaces et tableaux.

On trouve partout des serpillières ou de la très grosse toile à des prix très modérés qui permettent un emballage solide.

Pour les bas, les chiffons, le vieux linge, etc., tout ce qui ne vaut pas la peine d'être mis dans les malles ou dans les ballots, on peut se servir de sacs improvisés, confectionnés avec de la grosse toile à torchons. Onze mètres de toile sont coupés en six morceaux, qui, pliés en deux et cousus en surjet lâche sur leur lisière, donnent six bons sacs, et par la suite, décousus et coupés, une douzaine de torchons neufs.

On réunit dans une remise, sous un hangar, enfin dans un endroit bien couvert et bien clos, tout son matériel de déménagement, on fait débarrasser de tous meubles, sauf une table, une pièce un peu grande qui n'ait rien à craindre comme ornements de la poussière et des chocs ; on enlève toutes les tentures, rideaux, etc. ; c'est là que les uns après les autres viendront se remplir les caisses, malles, paniers, ballots.

On y entasse une provision de varech, une autre de vieux papiers, les journaux, brochures, etc. ; on met sa plus vieille robe, un grand tablier de valet de chambre, on s'arme de beaucoup de courage et de patience, enfin l'on consigne sa porte, — vaine précaution si l'on a beaucoup de bons amis ! J'ai tenu salon dans deux pièces où il n'y avait plus de chaises ; on s'asseyait sur les caisses et les ballots. Ceci n'est que pour les derniers jours, car jusqu'à la venue des voitures, le salon au moins doit rester habitable, et aussi « le cabinet de

Monsieur », sanctuaire qu'on n'envahit qu'à la dernière
extrémité.

Nous voici en face de la plus grosse affaire en fait
d'emballage : une caisse d'objets fragiles, porcelaines,
cristaux, etc.

Posons d'abord quelques lois fondamentales dont
l'observation rigoureuse pourra seule éviter les désastres.

1° Tout ce qu'on emballe a dû être nettoyé scrupuleusement avant l'emballage ;

2° Il ne faut pas réunir dans la même caisse des
pièces lourdes et des pièces délicates, par exemple un
service de faïence et des cristaux mousseline ;

3° Il faut éviter à tout prix les vides, même insigni-
fiants ; les vides facilitent le tassement, et le tassement
est le père des catastrophes ;

4° Il faut envelopper de papier toutes les pièces, fût-
ce un coquetier ; le papier emballe par lui-même et prévient les contacts ;

5° Quand on fait entrer une pièce dans une autre, il
faut toujours garnir la première de varech et de papier ;

6° Les très petits objets qu'on veut insérer dans les
plus grands doivent aussi être entortillés soigneusement pour ne pas balloter ;

7° Les caisses doivent être remplies jusqu'au bord, à
un ou deux centimètres près, car il faut laisser la place
d'une couche de varech qui empêchera le contact du
dessus ;

8° Il est toujours bon de ne pas faire de mélanges
trop disparates dans les caisses ; ainsi on réunira à
part, autant que faire se peut, les bronzes, les marbres,
les faïences, etc. ;

9° Toutes les caisses grandes ou petites, les paniers, les ballots, doivent être marqués très visiblement d'une lettre et d'un numéro ; la lettre est l'initiale du nom de la famille ; le numéro sera reporté au carnet de déménagement, avec la mention brève de ce que contient le colis qu'il désigne.

Pour cette opération, un mélange un peu épais d'eau gommée et d'ocre rouge vaut mieux que la peinture à l'huile, qui tache le linge.

Vous voici donc agenouillée sur un vieux coussin contre la paroi la plus large de votre caisse, si elle est à base rectangulaire. A votre droite est un haut tas de varech ; près de vous, sur une table, sont réunies les pièces que vous avez à emballer. Une aide les enveloppe de papier avant de vous les tendre.

Les vieux journaux sont très bons pour cet usage ; si l'on n'en a pas assez chez soi, chose rare, on s'en procure chez les marchands de chiffons.

Supposons, pour ne pas nous agiter dans le vague, qu'il s'agit d'un service de table en porcelaine fine à mettre en caisse ; par la diversité des pièces qui le composent, il pourra servir de type général.

Sur le fond de la caisse, vous étendez une couche de varech épaisse de 5 à 6 centimètres environ et bien égale. Elle va supporter vos premières assises composées des pièces les plus lourdes.

Ici, n'ayant pas le secours d'une figure pour m'aider, je prie mes lectrices de m'accorder beaucoup d'attention.

Supposons que le rectangle du fond de la caisse est numéroté ainsi : AB, CD pour les deux lignes parallèles les plus longues, AC et BD désignant les plus courtes.

Le long de la ligne AC vont se ranger les douzaines d'assiettes, posées sur tranche bien d'aplomb, de manière à ce que la ligne du milieu soit toujours dans le même axe. Ceci est indispensable, et, pour y parvenir, il faut maintenir et ramener avec la main les assiettes, qui ont toujours une tendance à s'écarter ou à fléchir. On les place par quatre ou cinq à la fois, et il faut arriver à la paroi opposée avec sa pile couchée bien droite, formant cylindre, et aussi près que possible de la planche pour la dernière assiette.

On insère dans l'étroit espace resté libre du varech, qu'on tasse pour caler. Il en faut assez pour qu'il n'y ait pas de jeu, mais pas trop pour ne pas faire craquer la pile.

A côté de celle-ci viennent s'en ranger d'autres, jusqu'à épuisement. Il va sans dire qu'on ne met ensemble que des assiettes de même calibre et de même sorte. Si une pile n'est pas assez longue pour atteindre la paroi opposée, on remplit le vide avec un ou plusieurs objets un peu gros, sucrier, pot à lait, etc., entortillés de varech suffisamment et disposés de manière à empêcher l'écroulement de la pile restée en suspens.

Les plats sont chose gênante à caser. Il faut bien se garder de placer l'un devant l'autre un plat rond et un plat ovale, et ceux-ci tiennent beaucoup de place.

Pour les grands plats, le meilleur système est de les appliquer le dessus contre la paroi de la caisse sans autre protection que leur enveloppe de papier. Ils font ainsi une sorte de muraille soutenue par les autres pièces, et ne courent pas le risque d'être fendus par les secousses du transport, parce qu'ils sont appuyés également sur toute leur circonférence.

Les compotiers de dessert, coupes, assiettes à pied, etc., sont mis en place d'après le même procédé, c'est-à-dire couchés dans l'emballage, rentrant les uns dans les autres, mais avec les centres sur la même ligne.

De plus, pour tout objet ayant la forme « coupe », qu'il s'agisse d'un verre à pied ou d'une coupe à fruits, il faut entourer le pied d'une jarretière, ou plutôt d'un bandeau fait avec du varech roulé dans du papier.

S'il y a des anses ou des ornements très en saillie, on prendra pour ceux-là la même précaution.

Tout ce qui a forme de jatte peut contenir de petits objets, coquetiers, salières, tous enveloppés largement de papier comme j'ai dit plus haut.

Pour les pièces à couvercles, telles que soupières, légumiers, etc., on retourne le couvercle, le bouton en dedans après l'avoir enveloppé.

Ces grosses pièces, très encombrantes, sont difficiles à caser et font le désespoir des emballeurs. Sous leurs flancs s'ouvrent des gouffres qu'il faut remplir avec toutes sortes de petites pièces de détail, enveloppées de papier et entortillées de varech : les bols, tasses à thé, à café ordinaires, etc., trouvent là une place tout indiquée.

Pour les services à thé et à café très fins, il est préférable d'avoir une caisse spéciale, car il est très fâcheux d'exposer à être dépareillés des ensembles de grande valeur.

A mesure que la caisse se remplit, on prodigue les poignées de varech ; il ne faut pas y mettre d'économie !

On insère la main pour chercher et découvrir les vides, on comble ici, on débourre là, on tâte pour s'assurer que rien ne cloche, ne touche, ne remue.

Enfin, on étend le dernier matelas de varech, on *pose* sur la caisse les planches qui serviront à la couvrir, on les cloue, après avoir pris soin de les marquer comme il a été dit plus haut, et l'on passe à une autre.

Celle-ci sera dévolue aux cristaux.

La tâche est moins fatigante que la précédente, mais bien délicate aussi. Nous y appliquerons toutes les indications déjà données et qu'il est superflu de répéter : mise des pièces lourdes, carafes, cruches, jattes, etc., au fond, emballage des pieds de verres, etc.

Il faut, en préparant la couche du fond, *la monter* de façon à ce que sa surface, bien et dûment garnie de varech, présente un matelas aussi plan que possible.

Sur ce matelas on range, couchés, les verres de même calibre, en alternant pied à tête, et en réservant les plus petits pour le dessus.

La caisse des cristaux demande un emballage plus élastique, moins tassé que celui des faïences ; les pièces n'étant pas lourdes sont moins sujettes à se verser les unes sur les autres pendant les transports.

Il est bien entendu qu'il ne faut laisser entrer dans la caisse aucun objet dur ou pesant.

Les bronzes demandent un emballage très soigné, car ils sont sujets à bien des avaries. Le moindre contact avec un objet aigu ou rugueux les raie, la moindre pesée sur eux les gauchit ou plus souvent les brise net. Enfin, leur poids, très considérable par rapport à leur volume, les pousse à des trajets dans l'emballage, fort dommageables à eux-mêmes et à leurs voisins.

Ils doivent donc, d'une part, être emballés très

serrés, de l'autre, comme je l'ai dit plus haut, on ne peut les traiter qu'avec de grandes précautions.

A mon avis, il vaut mieux ne faire de caisses mélangées que pour les petits bronzes; pour ceux d'une certaine importance comme les lustres, les statuettes, les pendules, si l'on ne craint pas la dépense, on a recours à l'emballage à *coussinets*, c'est-à-dire que la pièce placée dans une caisse construite pour elle y est maintenue sans aucun emballage, par un système de taquets, de coins, de chevilles, qui lui interdisent tout mouvement.

C'est la perfection, évidemment, quand la chose est faite par un bon spécialiste; mais, parmi mes lectrices, il en est certainement qui habitent des châteaux à la campagne, loin des grands centres, ou bien des petites villes où les ouvriers fins sont introuvables. Je vais donc leur indiquer des manières de s'y prendre, qui, au moins, auront l'avantage d'être applicables en tous pays et en tous lieux.

Voici, à emballer, un lustre, des torchères ou appliques, un bronze, la Diane de Gabies, si vous voulez, et une pendule. A tout seigneur tout honneur; commençons par le lustre.

Il est certainement démontable, tous les lustres se démontent.

Les bobèches à pendeloques ont trouvé place dans la caisse aux cristaux, les bobèches de cuivre sont enfilées dans un cordon et mises de côté.

On dévisse les branches, la tige, les ornements. A mesure que cette opération s'accomplit, Madame ou Monsieur qui y préside fait mettre dans un petit sac les écrous, vis, chevilles, etc.

Quand ils sont tous réunis, on lie le sac pour bien fermer et on l'attache à la tige ; chaque pièce du lustre est alors enveloppée, d'abord de papier fin — les patrons de journaux de modes sont très bons en pareil cas, — puis de papier plus fort ; on fait enfin l'emballage en caisse avec les précautions indiquées plus haut pour les faïences.

Passons à la statuette.

On l'enveloppe d'abord de papier fin. Ensuite on l'emmaillotte de vieux linge, en entourant les jambes, les bras, la tête. Quand elle est couverte partout, qu'on ne voit plus du tout le bronze, on la couche sur un épais matelas de varech, placé sur une feuille de fort papier d'emballage ; on la recouvre de varech, on plie le papier comme pour un paquet bien serré, on ficelle, et on met en sûreté le précieux colis.

Le procédé est le même pour les pendules, seulement il faut enlever doucement le balancier. On l'enveloppe de papier, en le maintenant par une lame de carton pour lui éviter d'être faussé, on lie à ce petit paquet la clé attachée avec une ficelle, et on place le tout contre le dessous du socle. Si la pendule a des détails fragiles ou très en saillie, il faut les protéger avec des coussinets de papier froissé, insérés partout où il y a un vide. On termine l'emballage comme il a été dit pour la statuette. Les déménageurs placent ce genre de paquets dans le bas des bahuts en les entourant de couvertures.

Les coupes de marbre, les grosses potiches, les grandes lampes, les bustes, rentrent dans cette série d'objets à emporter *hors caisse*.

On peut résumer leur emballage en ces deux points :

défendre leur surface contre les contacts dangereux, les préserver par une couche protectrice suffisamment épaisse des accidents, des chutes et des heurts.

Pour les bibelots de prix, s'ils sont de très grande valeur, un emballage spécial est tout indiqué; s'ils sont de valeur moyenne, tout ce qui a été dit pour l'emballage des porcelaines et cristaux leur est applicable.

J'y ajouterai cependant quelques réflexions supplémentaires.

Beaucoup de ces pièces, dont l'antiquité est le principal mérite, sont fendues et d'un émail friable, il leur faut donc plus de soins qu'aux pièces modernes plus résistantes.

Le papier d'emballage sera plus fin et même recouvert d'un second.

En pratiquant le tassement nécessaire, on ira d'une main ménagère de ses efforts; enfin on fera la couche de varech plus épaisse et plus moelleuse, sans oublier cependant qu'un emballage trop souple expose les pièces à se fendre.

C'est « Monsieur » qui se réserve d'ordinaire la lourde tâche d'emballer sa bibliothèque, ses gravures, ses collections de bibelots curieux : médailles, miniatures, armes, etc.

Mais, comme bien souvent il est trop occupé par le service qu'il va prendre, par des voyages, des affaires, des tracas de toutes sortes, c'est sur « Madame » que retombe presque tout entier le soin de ces précieux trésors. Nous allons donc bravement nous supposer devant quelques milliers de volumes, plus le contenu d'un certain nombre de vitrines et de cartons et un amoncellement d'objets d⸱⸱ toutes tailles et de toutes formes détachés des murs.

Commençons par eux, pour déblayer. Les bibelots de prix ont presque tous leur écrin, leur étui ou leur carton. On enveloppera ceux-ci de papier, *chacun séparément*. On réunit dans les coffrets, les boîtes, en un mot tout ce qui est « contenant », tous les petits objets enveloppés de papier fin, chacun séparément aussi.

Disons une fois pour toutes et pour n'y plus revenir que cette condition d'envelopper de papier fin chaque objet est la première nécessité de tout emballage bien fait. Elle évite les rayures, les cassures, les ballotages et le glissement dans les coins.

On suivra encore la loi qui défend de mettre ensemble, dans la même boîte, des objets lourds et des objets menus ou fragiles.

Les boîtes remplies, on les bourre de papier chiffonné pour immobiliser leur contenu, on les enveloppe largement pour qu'elles ne risquent pas de s'ouvrir.

Les cristaux, les biscuits, les porcelaines, les terres cuites de trop petites dimensions ou de sortes trop fines pour avoir pu trouver place dans les grandes caisses, sont emballés dans des boîtes à couvercle avec les mêmes soins généraux pris pour les pièces considérables : protection des anses et des ornements, bourrelets autour des pieds et des cols. Les bijoux anciens, montres, boucles, objets de curiosité, enveloppés de papier fin, sont mis entre des couches d'ouate dans des boîtes fermées

Les armes ont presque toujours une caisse qui leur est attribuée, avec des aménagements particuliers. Elles y sont d'ailleurs généralement renfermées par leur propriétaire.

Toutes ces boîtes, écrins, étuis, etc., seront mis dans un ou plusieurs coffres de dimensions moyennes, établis solidement et fermant par de bonnes serrures. Il y a des personnes qui préfèrent voir leurs objets précieux casés, soit en boîtes, soit simplement emballés, dans les tiroirs des bahuts, armoires, etc.

Cette combinaison a de graves inconvénients. D'abord elle surchage les meubles, et elle augmente la difficulté de leur maniement; ensuite, et, c'est là son plus sérieux défaut, elle permet les larcins de toutes sortes, car, lorsque l'on dégarnit la voiture de son contenu, le déménageur, pressé d'en finir, tend toutes les boîtes et paquets à toutes les mains qui se présentent, et dans le nombre il peut y en avoir beaucoup d'infidèles ou de négligentes.

Un coffre est plus commode à surveiller et on peut le faire transporter immédiatement dans la pièce où l'on garde sous clé les caisses contenant les objets de prix.

Voici donc tous les bibelots partis et en sûreté. Avant de passer aux livres, occupons-nous des cartons de dessins, gravures, etc.

Les déménageurs ne manquent pas de vous dire : « Donnez-moi ça, madame; tout comme ça est, c'est bien bon ! je le caserai derrière les bahuts, il ne lui arrivera rien ! »

Non assurément, si ce n'est « rien » que des plis, des déchirures, des froissements, des coulées de poussière, des promenades d'insectes, etc.

Les cartons de gravures, dessins, aquarelles, cartes géographiques, en un mot tout ce qui contient de grandes feuilles, doivent être visités avec soin pour s'assurer que tout y est en bon état et bien à plat, sans plis ni rides, puis enveloppés dans un papier brun assez fort et ficelés en croix avec une cordelette. Si les parois du carton sont flexibles, il faut l'insérer entre deux planchettes pour l'empêcher de faire « ventre ».

Je ne parlerai point des tableaux, qui sont confiés généralement aux soins du déménageur et se transportent comme les glaces entre matelas et couvertures.

D'ailleurs, les tableaux de prix ont toujours leur caisse propre, et une fois en caisse ils ne risquent rien.

Les livres ! Le plus long, le plus minutieux, le plus fatigant des emballages. Il offre cependant une compensation ; avec lui on ne craint pas la « casse », ce qui ne veut pas dire qu'on n'ait pas de précautions à prendre.

On fait apporter sur une table ou par terre les livres à emballer, ceux dont les reliures sont fines, bien enveloppés de papier.

Il est bon de ne point mélanger les livres rares ou précieux avec le reste de la bibliothèque. On les traite un peu en joyaux et on les installe dans des caisses moins grandes et plus soignées.

Pour bien faire une caisse de livres, il ne faut pas, comme on pourrait le croire, procéder par couches horizontales d'un volume d'épaisseur, mais bien par *piles* du même calibre de bas en haut. Pour dresser ces piles on posera alternativement les volumes, dos sur tranche. En effet, si on mettait tous les dos du même côté, leur épaisseur forcément plus considérable que celle de la tranche ferait la pile plus haute dans un sens que dans l'autre.

Pour remplir les intervalles qui existent parfois entre les piles, on insère des volumes brochés, qui servent de matelas, mais en faisant cette opération, on a soin de *conduire* le volume avec la main posée sur les plats jusqu'à ce qu'il soit bien en place, car on risque fort de retrousser et de froisser des pages.

La caisse de livres, quand elle est bien faite, ne doit présenter aucun vide, grand ou petit.

On rabat sur le dessus les feuilles de papier dont on l'a garnie, car jamais les livres ne doivent être en contact avec le bois des parois, et on la termine comme toutes les autres, par un couvercle de planches.

On a maintenant beaucoup moins de linge qu'autrefois, et il est beaucoup plus fin, ce qui simplifie son transport; aussi a-t-on adopté pour cet usage de grands paniers solides et bien clos, faciles à remplir et à vider.

Cependant, si la famille est très nombreuse en maîtres et serviteurs, il y a forcément de grands approvisionnements en linge de table et de maison, rideaux, couvertures, etc. Toutes ces pièces doivent être mises en ballots, car les paniers ordinaires ne seraient pas assez résistants, et ces ballots sont d'ailleurs fort utiles pour caler les meubles dans la voiture.

La confection d'un ballot de linge n'est pas chose aussi facile qu'on le croirait tout d'abord. Il ne suffit pas en effet de poser l'une à côté de l'autre des piles de pièces qui laissent entre elles des crevasses, font effondrer le ballot quand on l'ouvre et, pendant le trajet, prennent de mauvais plis.

Un ballot de linge bien fait doit présenter un bloc rectangulaire très compact et assez solide pour ne subir aucune déformation même par les bousculades les plus vigoureuses.

Voici comment on arrive à ce résultat.

On a fait apporter d'avance tout le linge qui doit y entrer, repassé et plié, cela va sans dire.

On a fait étendre sur une table une serpillière assez grande pour envelopper tout le ballot. Sur cette serpillière, on place un vieux drap plié en deux, on le pose bien au milieu. Sur le milieu encore de ce drap, on étend un torchon de dimensions moyennes, 80×90 centimètres; c'est lui qui va nous donner la base de notre édifice.

Si le ballot ne doit contenir que des draps, la tâche est fort simplifiée, car il suffit de les poser bien carrément l'un sur l'autre, en ayant soin de mettre le pli tantôt à droite, tantôt à gauche. Sans cette précaution, tous les gros plis étant du même côté, le ballot s'affaisserait du côté opposé.

S'il s'agit de serviettes, torchons, etc., c'est beaucoup plus compliqué.

Vous prenez comme base du ballot une paire de draps que l'on a pliée de façon à ce que ses dimensions répondent à la longueur d'une serviette par exemple, dans un sens, sur une largeur des deux tiers dans l'autre.

Sur ce rectangle on bâtit alors son bloc de linge en

entre-croisant les pièces. Serviettes, torchons, tabliers, restent pliés dans le sens long, mais sont posés de manière à ce que deux couches successives soient en travers l'une de l'autre.

Me suis-je bien fait comprendre?

Désignons notre rectangle de base par les chiffres ABCD; — AB en haut.

Dans la couche 1 les pièces iront d'A à B, de C à D.

Dans la couche 2, leur plus long pli ira d'A à C, de B à D, et ainsi de suite alternativement jusqu'à ce que le bloc de linge ait atteint 60 à 80 centimètres de hauteur.

Pendant cette opération, on a eu le plus grand soin de maintenir les parois extérieures bien carrées, de sorte que le rectangle du dessus soit absolument égal à celui du dessous.

Il ne reste plus qu'à étendre un second torchon par dessus le bloc, à ramener les côtés du drap d'enveloppe, à les épingler en formant des plis réguliers comme ceux d'un paquet bien fait. On rabat alors la serpillière, et on la coud solidement en une ligne droite sur le dessus du paquet.

Il faut, pour cette opération, qui importe beaucoup à la solidité du ballot, avoir serré bien également la serpillière; il est bon même de l'épingler avant de la coudre.

La première épingle doit être posée au milieu, les autres se suivre de part et d'autre de ce milieu; faute de cette précaution, on s'expose à voir un ballot déjeté d'un côté. Enfin, en cousant, il faut bien prendre garde que l'aiguille ne pénètre pas jusqu'au linge de l'intérieur.

La couture finie, on parachève le ballot en lui faisant des « oreilles », opération qui réclame une poigne masculine, ou du moins telle.

Il faut se mettre à deux pour bien faire une oreille de ballot. L'un tire le coin de la serpillière, l'autre avec une cordelette la serre, l'étrangle aussi près que possible de la pile de linge, et noue d'un nœud solide.

Cette opération, répétée aux huit coins bien carrément (ceci est de rigueur), vous donne un ballot qui peut braver toutes les aventures et fait le bonheur des hommes d'équipe et des déménageurs, parce qu'il est facile à saisir par les « oreilles » et ne se verse pas dans tous les sens comme fait le ballot simplement cordé.

Nous voici arrivés aux malles.

Peu de personnes savent faire une malle vite et bien. C'est un art qui a ses principes ; les voici à la file.

1° Les objets lourds, livres, coffrets, bibelots, chaussures, doivent toujours occuper le fond de la caisse.

2° Il ne faut jamais mettre, à même le linge et les effets, des objets fragiles, sous prétexte qu'ils sont protégés par les plis d'étoffe. Le mouvement de transport tasse le linge, et flacons, porcelaines, etc., se promènent au grand détriment de ce qui les entoure.

3° L'emballage doit toujours procéder du plus lourd et du moins fragile au plus léger. En effet, les malles ayant un dessus, on est presque sûr d'éviter le renversement.

4° On ne doit jamais mettre ensemble du linge propre et du linge sale ; le linge sale doit avoir un sac épais en coutil qui lui est réservé rigoureusement.

5° Le « tassement » étant l'ennemi juré de tous les

emballages, une malle ne doit jamais présenter de vide. Si pour une raison ou une autre, soit à l'aller, soit au retour, elle ne pouvait être remplie, il faut combler les intervalles avec du papier chiffonné, du varech, des menus copeaux d'emballage enveloppés dans des serviettes, en un mot pouvoir dire comme Macbeth :

There is the full !

Les valises, sacs de nuit, etc., doivent être réservés à vide pour le dernier moment. Les objets oubliés ou forcément gardés jusque-là y trouveront place.

La batterie de cuisine, c'est-à-dire tous les ustensiles qui ne rentrent pas dans la série des cristaux et faïences, ne demande point d'emballage particulier.

Elle fait partie de cette foule d'objets que comporte la tenue d'un ménage, et dont les hommes chargés de caser le mobilier dans la grande voiture trouvent la place un peu partout : dans les bas d'armoires, entre les pieds des chaises, etc. Les très petits ustensiles, couteaux, cuillères, aiguilles à larder, roulettes, etc., doivent être réunis en un seul paquet solidement ficelé; autrement ils courent grand risque de s'égarer.

L'emballage des plantes vertes, palmiers, dracenas, etc., est assez difficile.

Quand ils peuvent être installés dans la voiture même, il n'y a rien de mieux.

Quand, faute de place, on doit les envoyer par wagon, on charge un jardinier de les arranger; si on n'a pas de jardinier, on s'y prend ainsi pour l'emballage :

On garnit de papier fort le fond d'un panier de saule

assez grand pour que les racines ne soient pas froissées, on enlève la plante avec sa motte — ceci est indispensable — du vase qui la contient, on la place bien
d'aplomb dans le panier.

Quand les feuilles peuvent être ramenées le long du
tronc, toujours vers le haut, on les lie *sans serrer*, puis
on abrite sous une sorte de hutte bâtie avec des tiges
de saule plantées sur le tour du panier et liées en haut.

S'il fait très froid on couvre d'une serpillière.

En ce qui concerne le transport des colis précieux,
les opinions sont très partagées et je ne saurais prendre
un parti.

Faut-il les laisser dans la grande voiture, faut-il les
emporter avec soi?

Les risques selon moi sont égaux de part et d'autre,
et je me demande s'il n'est pas plus dangereux de les
traîner dans les hôtels que de les laisser sous la protection des scellés plombés?

Je n'ai point à m'occuper du transport de la cave.
Les vins fins sont emportés en caisses ou en paniers,
les bouteilles vides sont l'affaire des déménageurs.
Souvent, pour ne pas s'encombrer, on préfère les
vendre sur place; il en est de même des provisions de
bois, de charbon, de pommes de terre, etc.

Mais ces provisions trouvent un excellent emploi
chez les voisins pauvres ou les institutions charitables.
Il faut penser à prévenir à l'avance ceux qui doivent
profiter de ces largesses, car à peine les maîtres ont-ils
quitté la maison qu'elle est livrée à une horde de pil-
leurs d'épaves.

C'est une rude besogne que celle des derniers jours.
Du moment où la colossale masse de la voiture s'est

arrêtée devant votre porte, vous n'avez plus une minute de répit. Il faudrait être partout à la fois, répondre à vingt personnes en même temps.

On se partage, quand on peut, les divers postes. « Monsieur » ne quitte pas la voiture, gouffre béant où viennent s'entasser tous les meubles, et en même temps surveille les amateurs, habitués du pavé, prêts à profiter d'un moment d'inadvertance pour enlever meubles ou colis. J'ai vu un jeune ménage perdre ainsi un merveilleux paravent, présent de noce, peint de la main des fées ; il n'est pas encore consolé !

« Madame » dirige les hommes pour l'enlèvement des meubles, le choix de ce qui doit être mis dans la voiture, etc.

C'est là qu'il faut déployer une vigilance et une fermeté de général en chef, car, sous prétexte d'aider, parents et domestiques font tourner la tête aux malheureux déménageurs : « Emportez ceci ! Non ! cela d'abord ! Montez ! Descendez ! On a oublié ce paquet ! On a laissé cette malle ! » etc. Il ne faut pas une médiocre habileté pour réduire à un silence relatif toutes ces bonnes volontés tapageuses.

Les bébés sont en pareil cas toujours mis à l'abri dans quelque maison amie. Au-dessus de dix ans, petit garçon ou petite fille, bien dressés, intelligents, actifs et adroits, peuvent être d'un grand secours à « maman » pour les commissions, l'aide de détail, et même un peu de surveillance.

Sur le carnet de déménagement ont dû être inscrits le nombre des ballots, celui des malles, valises, paniers, etc., en un mot tous les renseignements concernant cette grandiose et difficile opération ; heures des trains, adresses d'hôtels, de fournisseurs, de serviteurs, etc., y doivent également trouver place, comme aussi le compte des dépenses pour les quelques jours que dure le bouleversement.

***

Le déballage des caisses n'est pas une opération indifférente qu'on puisse faire à la hâte, sans précautions. Il peut s'y produire au moins autant de malheurs que dans l'emballage, le transport, la confusion des matériaux, l'envahissement de toutes les places disponibles par les pièces déballées offrant de nombreuses causes d'accidents.

Pour déballer une caisse de vaisselle, cristaux, etc., on commence par écarter très doucement la première couche de varech, qui, si la caisse a été bien faite, ne doit rien contenir de fragile. Néanmoins la main doit tâtonner partout et chercher si elle ne rencontre rien de résistant.

On jette à côté de soi ce varech, auquel viendra s'ajouter en montagne tout celui de la caisse. A mesure qu'un objet paraît, après avoir enlevé le papier qui l'enveloppe, on le pose sur une table; le papier va de son côté former une autre montagne.

On déballe par couches horizontales. Il est imprudent de creuser des trous qui peuvent compromettre l'équilibre du reste de l'emballage.

Quand tout le contenu de la caisse en a ainsi été tiré, on s'assure, en les maniant avec précaution, que dans le varech et le papier il n'est resté aucun petit objet, puis on les fait emporter avant de commencer un second déballage.

Quand on a suivi la méthode qui consiste à ne confier aux déménageurs que des caisses clouées, on a le grand avantage de pouvoir prendre son temps pour les défaire, et pouvoir ainsi faire mettre immédiatement dans les bahuts et armoires les services de table tout essuyés et à la place qu'ils devront occuper.

Il est bon de ne pas avoir trop d'aides dans ce travail, une personne intelligente et capable suffit bien ; deux au plus.

Souvent, dans le désir d'aller plus vite, les aides emportent trop de pièces diverses d'un coup ou des piles d'assiettes trop considérables ; c'est là un procédé dangereux, il faut le proscrire avec sévérité.

Le déballage d'une caisse de livres se fait de la même façon. On range les livres à mesure qu'on les retire sur une table ou sur un tapis par terre.

On évitera pour les livres reliés de faire des piles que le moindre choc ébranle et fait crouler, au grand dommage des reliures ; on range les livres sur la tranche, le dos en haut, les uns à côté des autres, et, pour empêcher la série de verser, on met à plat trois ou quatre volumes en la commençant.

Le déballage des bronzes demande une minutieuse attention pour ne rien forcer, et surtout ne rien perdre des petites pièces, bobèches, vis, ornements, etc.

Il est bon même d'avoir sous la main une petite boîte pour y poser tous ces détails à mesure qu'ils se présentent.

Le premier balayage et le nettoyage des pièces où

l'on a déballé doit être fait sous la surveillance de la maîtresse de maison, dont l'œil vigilant seul sait chercher et trouver, au milieu de ce terrible fatras, les objets égarés ou laissés de côté.

Est-il besoin d'ajouter que le linge et les vêtements ne doivent être tirés des caisses et des ballots que lorsque tout dans le logis est à peu près propre?

Mais si on en a besoin tout de suite? va-t-on me dire.

A cela je réponds que les malles que l'on a emportées avec soi ont dû être « composées » de façon à fournir le nécessaire pour quinze jours au moins, et qu'en ce qui touche le linge de maison, draps, serviettes, nappes, torchons, tabliers, il faut avoir fait un *ballot d'arrivée* comprenant tout ce qui, en ce genre, sera indispensable à la famille dès le premier jour et pour une semaine au moins,

Grâce au chiffre, il sera facile de faire transporter ce ballot dans un endroit où on puisse l'ouvrir sans inconvénient.

Les mêmes soins de surveillance qu'au départ s'imposent à l'arrivée, si l'on veut éviter les vols et les erreurs dans le transport des meubles et colis; il faut presque une personne dans chaque pièce, car les déménageurs ahuris ne savent où donner de la tête en pareil cas.

Je n'ai que quelques mots à dire du déménagement à Paris pour Paris. Si par certains côtés, surveillance, précaution, etc., il rentre dans le cadre de

cette étude, par d'autres, il lui échappe complètement, car il est soumis à des nécessités d'ordre spécial.

La première est la célérité, et l'on est bien forcé d'en passer par toutes les exigences des déménageurs et de leur laisser emporter les objets quand et comme ils veulent.

Il n'y a pas lieu à emballage en caisse, sauf pour ce qui est très précieux; point de ballots non plus, puisque le va-et-vient des paniers qu'on emporte pleins et qu'on rapporte vides suffit à tout. Le déménageur fournit tout le matériel d'emballage et en débarrasse l'appartement. Beaucoup de choses d'ailleurs peuvent être portées à bras et mises en place immédiatement. Assurément les risques sont nombreux, mais il est bien difficile de les diminuer, car la direction des mouvements appartient au chef *déménageur*.

***

Comme type de petit déménagement nous prendrons celui où on quitte sa « maison de ville » pour sa « maison des champs »; l'installation aux bains de mer, dans une maison meublée, n'en différant que par des points de détail sans importance. On n'a guère à transporter que ses effets personnels et ceux de toute la famille, et parfois une provision de linge de table et de maison.

En effet, on trouve vaisselle et batterie de cuisine sur place, et généralement le mobilier, literie, etc.

Quelques jours avant celui fixé pour la venue de la famille, la maîtresse de la maison ira s'assurer du bon état de la demeure et de ce qu'elle contient, faire ouvrir les fenêtres, laver les planchers, ramoner les cheminées, ventiler, épousseter, assainir par tous les moyens possibles l'habitation que de longs mois d'hiver ont pu rendre humide ou insalubre.

Si l'on est au printemps, il faut allumer un grand feu clair dans les cheminées, avoir soin de le surveiller, crainte d'incendie.

Il faut assurer pour le jour de l'arrivée en masse un approvisionnement aussi complet qu'il se pourra : bois de chauffage, fagots, charbon de terre — si l'on a un fourneau économique, — charbon de bois pour le potager, pommes de terre, etc., et retenir d'avance, dans une ferme du voisinage, beurre, lait, œufs.

Avant de quitter la maison, on constate *de visu* que tous les feux sont éteints, les fenêtres fermées, et que l'on n'a enfermé aucun animal domestique, chien ou chat, dans l'intérieur.

Revenue chez elle, la maîtresse de maison — dans la semaine qui précède le départ définitif — procède à un rangement complet de ses armoires, prend toutes les mesures nécessaires pour sauver des mites les fourrures et les objets de laine, préserver de la poussière les chapeaux, les vêtements, etc., enfin ne rien laisser traîner en son absence.

Quand toute cette besogne, fatigante et minutieuse, il faut l'avouer, est terminée, on peut s'occuper des caisses et paquets.

On a inscrit à l'avance, sur un carnet, tout ce qui doit y entrer, non pêle-mêle, mais sous diverses rubriques, une par page de carnet, pour plus de netteté.

— Linge de table et de maison, draps, couvertures.

— Pour Monsieur, linge, vêtements, chaussures.

— Pour Madame, *idem*, *idem*.

— Pour les enfants, *idem*, *idem*.

— Livres, cahiers, musique, album, accessoires pour travaux d'art.

— Pharmacie, suit le détail.

— Provisions, *idem*.

— Ustensiles de cuisine.

— Vaisselle, lampes, bougeoirs, etc.

Le jour consacré à l'emballage, on ferme sa porte, autant que possible, on fait choix d'une pièce vaste, salle à manger ou vestibule, on fait étendre par terre de vieux tapis et apporter les malles, caisses, récipients, qu'on va utiliser.

Je prie mes lectrices de se reporter à ce qui précède pour la question d'emballage; seulement, pour ce genre de voyage, qui s'effectue en général vite et facilement, les paniers peuvent très bien remplacer les caisses, trop lourdes généralement. Il en existe de toutes sortes, depuis le beau panier à linge en aloès jusqu'au rustique panier à vins.

*
* *

Après avoir parlé longuement de tout ce qu'on emporte, il nous faut, avant de quitter le sujet, parler aussi de ce qu'on laisse.

Quand on déménage en grand et pour tout à fait, on ne laisse que de la poussière, des bouts de bois, des bouts de chiffons, des bouts de papiers, des cartons défoncés, etc.

Il est de tradition, sinon écrite dans le bail, du moins adoptée en tous pays, que le local doit être remis au propriétaire dans un état de propreté complète.

Comme on ne peut surveiller par soi-même les opérations nécessaires pour arriver à ce résultat, on en charge une personne de confiance, homme ou femme de journée, et l'on prie quelque ami dévoué habitant le pays de s'assurer que les choses ont été bien faites et de régler la dépense.

Quand on s'absente pour un temps restreint, en voyage ou en villégiature, la question est beaucoup plus compliquée, car il faut pourvoir à la sécurité et à la conservation de ce que contient le logis.

Parlons d'abord de ces « biens de fortune » pour lesquels un si petit volume représente une si grosse valeur.

Les opinions sont très partagées sur ce sujet. Les uns laissent tout chez eux : titres, papiers de famille, diamants, bijoux, argenterie; d'autres emportent tout avec eux-mêmes.

Je sais des jeunes femmes qui, en voyage, sont constellées de diamants, sous prétexte qu'il est plus sûr de les promener ainsi que de les exposer au risque d'être cambriolés.

D'autres encore portent dans un sac ou dans une valise tous ou presque tous leurs objets précieux, mais gare aux distractions ou aux pick-pocket!

Une vieille demoiselle sauva ainsi toute sa petite fortune, il y a une quarantaine d'années.

Un chaud dimanche de juin, au soir, un bec de gaz mit le feu à un étalage de lingerie dans les magasins du Grand-Condé, au coin de la rue de Seine et de l'Écolede-Médecine. En quelques minutes tout flambait! Il n'y avait à cette époque-là ni les avertisseurs électriques ni les pompes à vapeur. Le service d'eau de la ville, imparfaitement organisé, fonctionnait mal, les secours furent très longs à se produire efficacement; en moins d'une demi-heure, les bâtiments ne formaient plus qu'une masse de feu, et la chaleur était si terrible que, dans les deux rues, les maisons d'en face commencèrent à brûler.

Beaucoup de leurs habitants, passant leur journée à la campagne, avaient commis l'insigne imprudence de laisser leurs croisées ouvertes; les flammèches, les morceaux d'étoffes embrasées emportées par le vent, entrèrent par là, et plus d'une famille revenant chez elle après une bonne journée de plaisir dut, le désespoir au cœur, s'arrêter devant le terrible spectacle d'un incendie impossible à braver.

La demoiselle en question avait, dit-on, l'innocente manie de ne jamais faire une absence un peu prolongée sans porter sur elle, dans de vastes poches cachées sous ses jupes, ses titres de rentes, ses petits bijoux et souvenirs précieux. Elle n'eut à déplorer que la perte de son mobilier, couverte en partie par les assurances.

Je ne la cite point d'ailleurs comme un exemple à suivre.

Il y a maintenant à Paris et dans toutes les grandes villes des maisons de banque où on peut en toute sécurité déposer ses valeurs, même artistiques. Pour une somme relativement minime, on loue à *tant* par mois des coffres-forts de toutes dimensions, où tout ce que l'on possède de précieux peut reposer à l'abri du feu, des voleurs et de l'eau. C'est une si grande sécurité qu'il n'y a point à hésiter, selon moi.

Il va sans dire que le chef de la famille, ou sa femme à son défaut, doivent présider eux-mêmes à la mise en place. Ce n'est pas là un genre de mission qu'on puisse confier à des tiers.

Si, dans l'endroit qu'on habite et que l'on va quitter momentanément, il ne se trouve pas de facilités de ce genre, on peut avoir recours à des parents ou amis sédentaires qui consentent à se charger de vos trésors.

Je ne saurais trop insister sur ce point, que, quel que soit le degré d'intimité ou de parenté qui vous lie à la personne qui veut bien recevoir un tel dépôt, il est de son intérêt comme du vôtre que toutes précautions soient prises pour mettre à couvert les responsabilités.

Notre intérieur a bien des fois rendu ce genre de service; j'ai toujours *exigé* que titres et papiers de famille me fussent remis enveloppés d'une toile *cousue, scellée* du cachet du dépositaire, et les bijoux et argenterie dans une boîte en bois entourée d'une cordelette scellée de même. Il n'y a pas là un témoignage de défiance outrageante pour l'un ou pour l'autre, mais un acte de haute prudence, propre à conserver les liens d'amitié dans toute leur intégrité.

Telle est en effet l'incertitude des choses humaines qu'on ne peut répondre de sa santé, de sa vie, de celle de ses proches. Et puis une espièglerie d'enfant, une curiosité de serviteur, un malentendu d'employé, ne peuvent-ils pas amener les plus déplorables complications?

« J'ai reçu un paquet scellé, je vous le rends avec les sceaux intacts », voilà en quelques mots le code du déposant et du dépositaire.

Quand on doit être hors de chez soi pendant un assez long temps, il est nécessaire de prendre toute une série de précautions pour défendre son mobilier et ses effets contre la poussière.

Il va sans dire que la première est un nettoyage complet. Quand il est terminé, on couvre les meubles de leurs housses, les lustres, appliques, candélabres, de leurs enveloppes en gaze imperméable, on range dans une armoire tous les bibelots qui garnissent les tables, consoles, etc., les albums, les collections de gravures. On jette sur les meubles fins qui n'ont pas de housses spéciales de vieux rideaux ou des voiles de percale *ad hoc*; on voile de même les bustes, les statuettes, les potiches et les objets trop volumineux pour être mis dans les armoires.

Il y a des intérieurs où l'on enlève les rideaux, portières, tentures en soie brochée, en étoffes précieuses, et après les avoir bien secoués, passés à la brosse douce et étirés, on les met en ballots.

Cette pratique, qui a l'inconvénient de défaire des drapages parfois fort compliqués, ne me paraît pas utile dans un appartement où, les volets et les châssis de fenêtres fermant bien, on n'a pas à craindre l'invasion du soleil et de la poussière.

Dans le cabinet de travail, tous les paquets, livres, etc., devront être remis dans les cartons et les bibliothèques.

Dans les chambres à coucher, les lits défaits à fond, les couvertures repliées, tout le linge de couchage, de toilette, mis en paquets pour le blanchisseur, les eaux de toilette vidées, les placards mis en ordre et fermés à clé.

Dans la salle à manger et la cuisine, mêmes précautions en ce qui concerne le linge de table et d'office.

Il y a de plus à s'assurer que, dans les armoires, il ne reste ni viandes, ni graisses, ni fromage, ni fruits, ni substance d'aucune sorte susceptible de s'altérer et d'empester à fond tout un buffet.

Une maîtresse de maison entendue qui prévoit un départ s'arrange de façon à avoir un approvisionnement très restreint. Quant aux menus restes, réunis dans un panier, ils font la joie de quelque pauvre ménage des *clients* de la famille. Rappelons qu'il faut avoir grand soin de ne pas enfermer par mégarde quelque animal domestique, voué ainsi par l'incurie de ses maîtres à succomber dans les tortures de la rage ou à périr d'asphyxie au fond d'un tiroir.

Enfin il faut faire la visite du fourneau de la cuisine pour vérifier s'il est complètement éteint, inspecter le compteur à gaz et tous les robinets des becs — ceci est très important, — car un seul robinet laissé ouvert peut amener une terrible explosion ou au moins causer de graves dommages aux dorures, aux tableaux, aux tentures, sans compter la note de la compagnie du gaz! (Voir *Le Tour du Monde en quatre-vingts jours*.)

Toutes les clés doivent être réunies dans une boîte ou un tiroir sous *une seule* qu'emporte le maître de la maison.

« Monsieur » reste le dernier à bord, comme un capitaine de vaisseau; il sort après un dernier coup d'œil jeté dans toutes les pièces. — Tout est clos, silencieux, obscur, — on n'a rien oublié, ni malle, ni valise, ni colis « à la main ». Maîtres, enfants, serviteurs, sont sur le palier ou dans la cour, la clé grince dans la ser-

rure, un, deux tours d'une main ferme. *All is right!*
On peut partir! Ouf!

Il y a là de quoi perdre la tête, vont dire mes lectrices. Il est au-dessus des forces humaines de penser à
tant de choses, toutes à la fois, pour ainsi dire. Le don
d'ubiquité ne suffirait pas pour mener à bien une telle
entreprise. Il faudrait être à quatre, six, dix endroits
en même temps!

D'abord, répondrai-je, on peut être aidée par son
mari, par ses enfants, s'ils ont l'âge de raison, par des
parents, des serviteurs, quoique le proverbe : « Ne
t'attends qu'à toi seul » ait plus que jamais sa raison
d'être en pareil cas. Ensuite on échelonne les besognes.
Les arrangements de mobilier, certaines fermetures
d'armoires, peuvent être faits quelques jours à l'avance.

Enfin, pour le jour du départ, ou simplifie l'existence autant que possible en faisant peu ou point de
cuisine. Dès la veille, on a fait préparer des pièces de
résistance, rôti, volailles, pâtés, terrines de viandes en
gelées, etc., dont les reliefs seront fort utiles pour
l'arrivée à la campagne.

Dans les villes, on trouve en cinq minutes les éléments d'un ou plusieurs repas chez le marchand de
comestibles. Enfin, c'est, par-dessus tout, affaire
d'entraînement.

Une maîtresse de maison active et entendue a une
telle habitude de *direction pratique* que, sous son coup
d'œil et son coup de main, les choses semblent se faire
d'elles-mêmes.

Qu'on me permette une comparaison :

Voici une très bonne musicienne : on lui apporte un
morceau de musique de chant savant et compliqué.

Elle se met au piano, elle lit à première vue et ensemble : 1° la ligne du chant ; 2° la ligne des paroles ; 3° le dessus de l'accompagnement ; 4° la basse ; ces deux lignes-ci, comprenant parfois des accords de trois ou quatre notes. Pendant qu'elle lit, sa main droite et sa main gauche vont, comme d'instinct, chercher les touches qui répondent à sa lecture, chaque doigt se lève ou s'abaisse à son rang et en passant par des difficultés spéciales, quant au doigté, et ce prodigieux travail mental et physique s'accomplit avec une aisance apparente, réelle même si l'artiste est très forte.

A le bien analyser, à se rendre compte des efforts multiples, simultanés et variés qu'il réclame, il semble lui aussi au-dessus des forces humaines, et cependant que de personnes s'y livrent journellement ! Il en est de même de certains jours de labeur pour les maîtresses de maison. Elles cumulent tous les emplois, se montrent partout à la fois, savent tout voir, tout entendre, tout vérifier, n'oublient rien, ne négligent rien, et sont payées de leurs peines par le bon ordre du petit univers soumis à leurs lois.

Faut-il les plaindre ? Non ! vraiment non !

C'est une grande joie que de se sentir capable de beaucoup faire pour le bonheur des siens, et de se rendre le témoignage qu'on a donné de soi, de ses forces vives, tout ce qu'on pouvait donner... Mais j'en conviens, c'est au prix de beaucoup de fatigues, et quand tout son monde est couché, que la maison est tranquille et silencieuse, il est bien excusable de se laisser tomber dans un fauteuil en s'écriant : « Quelle journée ! Je n'en puis plus ! »

CHAPITRE VII

Les réceptions.

« Convier quelqu'un, c'est se charger de son bonheur pendant tout le temps qu'il est sous notre toit »,
dit Brillat-Savarin.

En ces quelques mots, si heureusement choisis, se
résume tout l'art de « recevoir ».

Quels que soient le pays, les usages, les modes, les
conditions de temps, de lieu, de fortune même, nous
devons à nos hôtes toute la somme de satisfactions que
nous sommes en mesure de leur procurer, et, si tel est
le devoir d'hospitalité envers l'hôte de passage, combien n'est-il pas plus impérieux envers l'hôte convié!

En l'invitant à venir s'asseoir à votre table, ou
partager vos plaisirs, vous êtes en somme engagé
d'honneur à le dédommager de la peine qu'il a prise
pour se rendre chez vous, de la violence qu'il a faite à
ses habitudes, si, casanier de mœurs, il met le « sweet
home » au-dessus de tout, ou si, au contraire, lancé
dans le tourbillon mondain, il a dû, pour faire honneur à votre invitation, en refuser une autre plus sédui-
sante.

Et puis, un amour-propre, bien placé dans ce cas, commande que l'on reste fidèle aux bonnes traditions de famille, que l'on maintienne cette noble et belle réputation d'avoir « une maison où l'on reçoit bien ».

Enfin, les relations de parenté, d'amitié, d'affaires, de service, profitent largement de ces réunions où chacun apporte sa part de bonne volonté, de bonne humeur et d'agrément.

Nous allons donc traiter ce chapitre intéressant des *réceptions*; mais, avant de l'entamer, je dois prier mes lectrices de n'y chercher ni indications de détails, ni recettes, ni menus, ni rien qui procède du convenu, du passager, du fantaisiste de la mode. Les journaux, les manuels, voire même les almanachs! les renseignent suffisamment sur tous ces points; nous ne traiterons ici que des principes généraux et de leur application pratique, en laissant de côté tout ce qui est renseignement spécial.

DINERS

Dans le célèbre *Livre des Snobs* de Thackeray, il y a un chapitre intitulé : *The dining snobs*.

Ce chapitre est d'un bout à l'autre une amère critique de ces dîners d'apparat où, pour répondre aux habitudes vaniteuses chères à tout vrai Anglais, on se livre à une dépense fort au-dessus de ses moyens, quitte à faire vivre ensuite de privations soi et les siens afin de combler le déficit.

Le charlatanisme d'un décor pompeux qui ne fait illusion à personne, la maladresse des efforts entrepris

pour singer les habitudes des gens riches, sont cruel-
lement mis à jour par l'auteur, et non sans raison,
nous semble-t-il.

En France, les mœurs, moins fastueuses, ne méritent
pas les mêmes reproches, mais, — surtout à Paris,
prétendent les mauvaises langues de province, — le
côté confortable et gastronomique des repas de gala est
parfois un peu trop sacrifié : soit désir de faire de
l'effet, « des embarras », disent les grincheux, soit
nécessité d'économie, l'on a plus de fleurs que de
ragoûts et plus de verres que de vin à y verser; si la
corbeille du milieu est remplie d'orchidées, l'intérieur
de la poularde est à peu près vide de truffes; les services à hors-d'œuvre sont en argent (ou en ruolz)
artistement ciselés, mais les tranches de foie gras sont
de la taille d'une pièce de deux francs, et si espacées sur
le plat que l'on craint de faire un « vide » en se servant,
même discrètement.

Certes, la profusion campagnarde, les menus trop
chargés, les rôtis trop gros, les parts trop copieuses,
sont désagréables à la vue, au goût et à l'estomac,
mais, après tout, quand on vous invite à dîner, on
vous invite à manger de bonnes choses en quantité
suffisante et en bonne compagnie, et ces trois points
sont nécessaires, indispensables, à ce bonheur du
convié dont Brillat-Savarin déclare *ex cathedra* que
vous êtes chargé par le seul fait de votre invitation.

Conclusion : Si votre fortune vous permet de donner
à dîner *bien* et *souvent* à vos amis, rien de mieux!
accordez-vous les joies de la belle et large hospitalité.

Si vos moyens sont plus restreints, ne donnez qu'un
ou deux, ou trois dîners par saison, mais que chacun

d'eux soit parfait en son genre et que l'économie ne porte que sur les choses de vanité, d'ostentation, jamais sur ce qui diminuerait la satisfaction de vos hôtes.

Si, enfin, vous n'avez qu'une modeste aisance, suffisant à assurer seulement le petit bien-être journalier de la famille, renoncez absolument aux « grands dîners ».

Certes, je ne veux pas dire qu'il faut vous refuser l'honnête et vif plaisir de faire asseoir à votre table de bons amis, en petit nombre, à qui vous offrirez de bon cœur et sans arrière-pensée au sujet de la « douloureuse » ce que vous aurez pu trouver de mieux dans les limites de votre budget : du poisson frais avec une sauce irréprochable, un rôti généreux, cuit juste à point, des légumes fins, un entremets délicat assez copieux pour que les gourmandes puissent y revenir, du Barsac authentique, du Bordeaux *idem*, et un vin de dessert qui n'a pas été pris chez l'épicier.

Tout cela n'est pas bon marché, me dira-t-on, et, avec le prix d'un *petit dîner* comme celui-là, « en sachant s'y prendre » (oh! la terrible phrase!), on peut en donner presque un *grand*, recevoir plus de monde, rendre plus de politesses, etc. Et alors, la maîtresse de maison qui « sait s'y prendre » court les marchés et les boutiques pour avoir la truite saumonée qui n'est pas de la première jeunesse, ni de la seconde! des riz-de-veau de la veille sur lesquels le boucher fait un petit sacrifice, du faisan de l'avant-veille (on sait bien que le gibier supporte les délais), un entremets économique, des fruits qu'on loue, des pâtisseries *idem*, du Saint-Émilion à 1 fr. 75 la bouteille et du Champagne — on ne peut se passer de Champagne dans un « grand dîner » — à 2 fr. 50.

On recommande au serveur de ne pas faire les parts trop grosses, de ne pas trop remplir les verres, de ne pas entamer « les secondes bouteilles »; on frémit quand un convive, par un geste significatif, annonce l'intention de vider l'*amphore*, ou prend deux parts de volaille au lieu d'une.

Et ce malaise est senti par les conviés et la gaîté semble de commande et l'entrain est factice, et, en sortant, plus d'un invité dira ou pensera, suivant qu'il est seul ou accompagné :

« Ces pauvres X..., ils se sont mis en frais, se sont gênés, et nous ont dérangés pour nous donner un repas détestable; j'aurais mieux dîné chez moi. »

Nous allons voir comment on peut éviter un si fâcheux résultat pour tant de peines et de frais.

Tout d'abord, il ne faut pas inviter plus de monde qu'il n'en peut tenir à l'aise dans la salle à manger. Le vieil adage : *Quand il y en a pour quatre il y en a pour six*, n'est pas plus vrai en fait d'espace qu'en fait de bonne chère, et le « on se serre entre amis » n'amène que des désagréments.

Écoutez Boileau :

> On s'assied, mais d'abord notre troupe serrée
> Tenait à peine autour d'une table carrée,
> Où chacun malgré soi, l'un sur l'autre porté,
> Faisait un tour à gauche et mangeait de côté.

C'est là le comble de l'inconfortable, assurément. On comptera donc pour chaque convive au moins 60 centimètres, mesure prise au bord de la table, 70 est encore mieux.

Faites deux séries si vous avez plus de monde à recevoir. Je prévois l'objection : c'est doubler les frais. Sans doute, mais, je le répète, mieux vaut cent fois s'abstenir que de mal faire les choses.

Cependant, il y a des cas dans la vie de famille ou dans la vie officielle où l'on est forcé de donner un *grand* repas. Alors, on s'arrange comme on peut, en lui sacrifiant une grande pièce, chambre ou salon par exemple, mais c'est là une exception et nous n'avons point à nous en occuper. La règle reste immuable : 60 centimètres par convive, et, derrière les chaises, la place de circuler pour le service.

« Le nombre des convives d'un dîner d'agrément, a dit Mme de Genlis, ne doit pas être inférieur à celui des Grâces, ni supérieur à celui des Muses. »

Ce dernier chiffre me semble un peu restreint; un dîner de dix, douze invités, peut encore être animé et délicat; néanmoins douze c'est déjà beaucoup, la conversation générale est plus difficile, soit parce que la table est forcément très allongée et éloigne les convives des deux bouts, soit parce qu'il est rare de pouvoir réunir douze personnes également aimables, spirituelles et se convenant de tous points.

Sous le rapport matériel aussi, il y a inconvénient à être trop nombreux, les petits plats fins, joie des dilettanti, sont impossibles, la cuisine est moins soignée, le service plus long; l'attente, qui enlève tant de saveur à certaines préparations culinaires, de style raffiné, est inévitable. Passé douze, menu, service et conversations sont voués à la banalité.

Pour le dîner « d'agrément » tel que nous le comprenons, il faut bravement viser à la perfection, et ne rien négliger pour y atteindre. Ce n'est pas le nombre des plats, ni leur prix élevé, ni le luxe de la table, qui rempliront ce *désideratum*, mais le soin le plus éclairé et le plus minutieux apporté à tous les détails.

Le menu ne doit comporter ni trop de mets, ce serait campagnard, ni trop peu, ce serait mesquin. Ces mets seront fins, succulents, mais non d'une recherche allant jusqu'à la bizarrerie. Ce serait mal traiter ses convives que de mettre à l'épreuve leur appétit et leur estomac. Enfin, ils doivent être présentés dans un ordre judicieux, ne point trop se ressembler, se faire valoir les uns les autres, si bien que le repas forme un ensemble harmonieux et varié à la fois.

Exemple : N'ayez point deux entrées de poisson ou entrées et rôtis de viande de boucherie ou deux ragoûts au blanc, etc. Un menu bien compris devra présenter : poisson, viande, volaille ou gibier, suivant la saison.

Comme il y a des robes plus habillées les unes que les autres, de sorte que l'on ne met point la même toilette pour aller au bain et faire des visites, de même il y a des plats plus ou moins haut cotés.

La distinction entre eux est tout arbitraire, je ne chercherai point à l'expliquer, je me borne à la constater.

Les *rôtis* de viande de boucherie, carré de veau, gigot, même le filet, ne se servent qu'en petits dîners intimes.

Dès qu'il y a un peu de cérémonie, le rôti doit être une volaille ou une pièce de gibier fin.

Le civet, le navarin, l'épaule de mouton, le foie de veau, etc., ne doivent pas figurer dans un dîner *prié*.

Enfin certains mets tels que les côtelettes grillées, les biftecks, les poissons frits, les huîtres, les œufs sous toutes les formes, sont des plats *de déjeuner*.

Pour le poisson et les œufs, il y a, bien entendu, une exception à cette règle en faveur des jours maigres. Il me paraît inutile d'entrer ici dans des indications plus détaillées. En consultant ces longues séries de menus que donnent les agendas des grandes maisons de nouveautés, les journaux, etc., mes lectrices se mettront facilement au courant des usages sur ce point. Il est bien entendu, d'ailleurs, que, fidèle au titre de cet article, je ne parle ici que des *dîners-réceptions*.

Pour suivre le précepte de Brillat-Savarin, et chercher, avant tout, le bonheur de l'hôte convié, il faut établir son menu selon l'âge et les goûts de ses convives. Pour les jeunes, les valides, il faut une chère abondante et généreuse ; — pour les femmes, les gens âgés : les ragoûts fins, les morceaux délicats, les entremets soignés ; — pour un dîner d'hommes : les sauces relevées, le gibier noir, les viandes saignantes, les hors-d'œuvre de haut goût. Si l'on a hommes et femmes, le menu sera mixte pour que chacun y trouve à contenter son penchant.

Que votre menu soit, pour le nombre des plats et leur dimension, proportionné au nombre des convives. Ce précepte semble être tiré des œuvres attribuées à M. de la Palisse ; il n'est pourtant pas si naïf qu'il a l'air de l'être. J'ajouterai pour le compléter que ce n'est pas seulement le nombre des convives qu'il faut considérer, mais leur âge et leurs appétits. Pour des gens jeunes et bien portants, il faut augmenter d'un plat de résistance, au moins, le menu qui aurait suffi à des personnes âgées ou délicates.

Au-dessous de neuf, le menu peut s'établir ainsi :

Potage, relevé, une entrée, — rôti et salade — légumes — entremets sucré, dessert.

Au-dessus de ce chiffre, il faut, après le relevé, deux entrées ou bien un grand hors-d'œuvre froid après le rôti.

Dès qu'on dépasse douze, il faut un relevé, quatre entrées, deux grands hors-d'œuvre froids, car il ne suffit pas de faire les plats plus gros parce qu'on est nombreux, il faut aussi qu'il y en ait davantage.

La salade simple ne compte pas comme un plat, mais elle est indispensable pour accompagner le rôti. La salade russe est un hors-d'œuvre froid.

Pour celles de mes lectrices qui ne seraient pas encore initiées au beau langage culinaire, je vais entrer ici dans quelques détails qui leur seront utiles, et les intéresseront, je l'espère.

On appelait autrefois *hors-d'œuvre chauds* les vol-au-vent, pâtés chauds, timbales, salpicons, etc., tous ces délicieux ragoûts, gloire de la cuisine française, qu'on servait avant les entrées ; et, par antithèse, *hors-d'œuvre froids*, les langoustes, buissons d'écrevisses, jambons d'York, terrines de foie gras, pâtés fins d'Amiens, de Strasbourg, aspics divers, etc., qui, après le rôti, donnent à l'appétit déjà blasé un dernier coup d'éperon et le conduisent jusqu'aux molles délices de l'entremets sucré et du dessert.

Le *relevé* est le plat qu'on sert immédiatement après le potage. C'est ou un beau poisson avec sauce chaude ou un hors-d'œuvre chaud, comme il est dit plus haut. En été, le melon est un relevé de rigueur.

Les *entrées* sont les viandes, les volailles, le poisson, accommodés en ragoût.

Ex. : Filet de bœuf sauce madère, poulet à la reine, filets de sole sauce tartare, etc.

Le *rôti* est une belle pièce de choix, volaille ou gibier, qui se sert sans « garniture », accompagné d'une sauce, offerte en dehors dans la saucière.

Une salade fine doit toujours l'accompagner.

De nos jours, on a réservé le nom de *hors-d'œuvre froids* à ces menues gourmandises que l'on offre au début du repas, radis, beurre frais, anchois, saucisson d'Arles ou de Lyon, olives, etc. Ils figuraient sur la table autrefois; ils sont maintenant présentés sur des plateaux. L'usage en est un peu passé, avec raison à mon avis, pour les dîners de gala.

Au déjeuner, au contraire, ils font très bien et amusent l'appétit en attendant les plats de résistance.

On désigne parfois par le nom de *bouts de table* (c'est la place qu'ils occupent dans le service à la française) ces mets exquis, triomphe de notre pays : le pâté de foie gras, le buisson d'écrevisses, la langouste, le jambon glacé, le modeste et succulent jambonneau.

L'expression : *entremets de légumes* n'a pas besoin d'être expliquée, celle *d'entremets sucré* non plus. Disons seulement à ce propos que l'entremets sucré n'est point une pâtisserie, mais une œuvre complexe où, suivant le cas, les fruits cuits, les gelées, les crèmes, font l'objet de savantes combinaisons. Une tourte aux fruits, un moka, une marquise, sont des entremets sucrés. La pâtisserie y entre sans doute, mais n'y est que l'accessoire.

La brioche, la galette, sans être des entremets sucrés, se servent pour accompagner ceux-ci quand il n'entre point de pâtisserie dans leur composition, comme par exemple le bavarois, les macédoines de fruits, etc.

La bombe glacée servie *seule* fait partie du dessert; on doit toujours offrir en sa compagnie de fines pâtisseries sèches, oublies, gauffres roulées, cornets pralinés, etc.

La crème fouettée ne peut être servie au dessert qu'en petit comité; dès qu'on est un peu en cérémonie, elle est garnie de biscuits ou de meringue et devient entremets sous le nom de vacherin, charlotte russe, etc.

Les crèmes (en petits pots) sont depuis longtemps réservées aux dîners de famille, chez les grands-parents, pour le bonheur des bébés.

Nos aïeules, qui avaient à l'endroit des dîners tout un code de prescriptions auquel on ne pouvait manquer sans forfaire à la bonne réputation de la maison, disaient, entre autres axiomes, « qu'au dessert, quel que fût le nombre des invités, celui des assiettes de friandises devait lui être égal ou supérieur d'une unité, mais toujours impair ».

Avec le service moderne, il serait difficile de suivre à la lettre ce précepte, il faut en retenir ce qu'il a de bon, c'est-à-dire la conviction qu'un dessert mesquin déshonore un beau dîner.

Donc, point de lésinerie sur le dessert, qui est la parure, la fleur du repas.

Ayez de beaux fruits pour les corbeilles, des petits fours et des bonbons fins pour les assiettes. Surtout n'allez pas déparer un bel ensemble par l'introduction de biscuits anglais, de gauffrettes et autres produits économiques.

Il y a des maîtresses de maison qui ont la manie de vouloir « se rattraper ». Pour contenter leur gloriole en offrant quelque timbale ou quelque aspic prétentieux signé d'un nom illustre qu'elles ont payé fort cher, elles rognent ici ou là sur le nombre ou la qualité des plats. Elles croient avoir ébloui leurs hôtes, elles n'ont fait que mettre en évidence une puérile vanité.

Dans une « maison bien tenue » on ne fait point de ces choses-là; tout est égal, tout est parfait dans son genre. Si leur budget ne leur permet point de consacrer une somme très forte au plaisir de recevoir leurs amis, des maîtres de maison vraiment et noblement hospitaliers répartissent celle dont ils disposent de façon à ce que « tout soit bien ».

J'aime cette vieille locution qui, dans ses trois petits mots, enferme un si grand sens pratique. Il y a encore en France, je suis heureuse de le penser, de nombreux intérieurs où elle est la règle de la famille, où ameublement, table, toilette, service, « tout est bien ».

Et que l'on ne s'imagine pas qu'une grande fortune est nécessaire pour qu'il en soit ainsi; l'intérieur le plus modeste peut, sous la direction d'une femme intelligente et capable, offrir une somme de raffinement inconnue parfois aux plus riches demeures.

Cette petite digression m'a entraînée un peu loin de la question des menus; j'y reviens pour quelques détails encore.

Pour les desserts de cérémonie, les fruits *secs* ne sont point de mise, non plus que certaines compotes, celles de pommes, de pruneaux, etc.; les confitures même sont réservées pour la table de famille, on les remplace par les fruits en conserves, aussi bons au goût qu'agréables à la vue.

Les fruits frais doivent être d'espèce fine et d'aspect irréprochable.

Il y a des fromages qui ne sont pas « de cérémonie ». Tous ceux à odeur prononcée doivent être bannis, cela se comprend.

Pour la question des vins et liqueurs, je ne puis que répéter ce que j'ai dit à propos de tout le reste, il faut les avoir de première qualité. Je n'entends point par là qu'on soit rigoureusement tenu d'offrir à ses invités des hauts crus à 20 et 50 francs la bouteille; mais quand on a des fournisseurs sûrs (j'insiste sur ce point, car il en est peu où l'on soit plus exposé à être trompé ou volé), on peut, soit qu'on possède une cave bien montée, soit que faute d'emplacement on doive se fournir au détail, pour les vins d'extra, s'assurer dans les prix raisonnables de vrais bons vins.

J'emprunte à Brillat-Savarin le précepte qui suit quant au choix à faire :

« L'ordre des comestibles est des plus substantiels aux plus légers.

« L'ordre des boissons est des plus tempérées aux plus fumeuses et aux plus parfumées. »

Après le potage, on servira les vins de Madère, Xérès, Porto, etc. Avec les entrées, les grands vins de Bordeaux blancs et rouges; ensuite les vins de Bourgogne de hauts crus. Au dessert, les vins sucrés, champagne, etc.

Cette nomenclature ne convient qu'au cas de « grands dîners ».

Il est de mauvais goût d'offrir trop de vins dans un repas d'amis. Une bouteille de vin sec pour le relevé, une bouteille de très bon vin blanc de Bordeaux, une de rouge *id.*, et un vin de dessert suffisent amplement pour un couvert de six à dix personnes... à Paris!

Enfin la sorte des convives doit aussi influer sur le choix. Pour les dames, il faut peu ou point de vins forts; au dessert des vins sucrés : moscatelle, grenache, malaga, etc.

Pour les messieurs, il faut au contraire appuyer sur les vins secs et généreux.

Comme « ordinaire », pour les carafes, on emploiera vin rouge et vin blanc, beaucoup de personnes ayant l'habitude de cette dernière boisson. La bière et le cidre n'ont pas encore conquis droit de cité sur nos tables pour les repas de cérémonie.

Entre amis, il n'en est pas de même. Je me souviens à ce sujet d'une charmante preuve d'hospitalité. C'était chez un de nos avocats les plus célèbres dont le cœur et le talent sont de niveau, c'est-à-dire très haut placés. Le repas de famille du dimanche soir avait réuni une douzaine d'hôtes autour de la grande table, et, devant chaque place, une élégante petite cruche de cristal laissait voir les teintes pourpres ou ambrées du contenu.

« C'est, me dit notre hôte avec son bon sourire, que je veux que chacun ait sous la main sa boisson préférée : vin blanc ou rouge, bière, cidre, eau pure même, il y en a pour tous les goûts. »

Je conviens que pour un dîner de cérémonie cet éclectisme nuit au décorum, mais, pour les diners entre amis, n'a-t-il pas un charme tout hospitalier?

Pour terminer, disons quelques mots du pain. Tout le monde sait qu'il ne figure que sous la forme de *petits* pains frais à croûte dorée. J'ai souligné petits parce qu'il est ultra-incorrect d'employer un pain de taille moyenne, soit entier, soit coupé en deux.

Il y a de gros mangeurs auxquels ne suffit pas le petit pain placé au début sur l'assiette de chaque convive. Quand ils réclameront un supplément, on leur présentera, sur une assiette, un second pain pareil au premier. On aura donc soin, en faisant la commande au boulanger, de prendre plus de pains qu'il n'y a de convives.

Le café est servi au salon, je l'ai déjà dit ailleurs. Je lisais, il y a quelque temps, que l'on cherchait à faire renaître l'usage campagnard de le servir sur la table du dîner, tout de suite après le dessert. Je ne puis le croire, et j'élève une protestation indignée contre ce retour à la barbarie.

Comment! quand le repas est fini, vous obligez les convives à rester dans une atmosphère surchargée d'odeurs de victuailles? Vous retardez l'instant où, délivré de la station sur une chaise encastrée entre deux autres, on va pouvoir respirer, remuer, changer de voisins et de voisines?... Vous supprimez ce joli petit ménage des plateaux chargés de porcelaines fines, de cristaux étincelants, ce gracieux va-et-vient des jeunes femmes offrant une tasse pleine de l'odorant breuvage, un verre menu où rit la chartreuse d'or, le curaçao couleur de rubis? Et ces groupes qui se forment, et ces propos gais qui s'échangent, et ces « atomes crochus » qui se rencontrent, et cet aimable frou-frou des atours féminins, des robes soyeuses dont les queues s'étalent!...

« Le plus joli moment du dîner, c'est le café », disait une femme du monde pas gourmande, et très aimable.

Et c'est là ce qu'on voudrait voir disparaître? Cette idée baroque doit avoir vu le jour dans la cervelle de quelque grincheux peu ami des salons, et désireux d'avancer l'heure du fumoir!

Ah! ce fumoir! désespoir des maîtresses de maison! Il faut bien pourtant qu'elles aient le courage de veiller à ce que rien n'y manque, feu, lumières, cigares des bonnes marques, cigarettes, etc., liqueurs fortes... hélas! — Hâtons-nous d'ajouter pourtant qu'ici l'hospitalité a des bornes et qu'il appartient au maître de maison, tout en se montrant très large, d'empêcher que séjour et consommations ne prennent des proportions incompatibles avec une maison bien tenue.

. . . .

Dans les précédents chapitres, j'ai traité si longuement, avec tant de détails, la question : service de la table, que, pour éviter des redites fastidieuses, je prie mes lectrices de s'y reporter. Je reconnais cependant que, si correctes que soient les habitudes d'un intérieur, il s'y produit nécessairement en temps de « gala » quelques modifications et... complications. Nous allons donc les passer en revue.

Tout d'abord le dressage du couvert. J'ai déjà vu passer pas mal de coutumes différentes sur ce point comme sur bien d'autres. Je retrouve, dans mes souvenirs d'enfance, des visions de service « à la française ». Tout le dîner sur la table; au milieu, un grand réchaud argenté de forme oblongue (le seul vide), attendant le rôti. Aux quatre coins, comme quatre forts détachés, des réchauds ronds en argent ou en métal argenté, recouverts de cloches du même métal; à travers de minuscules lucarnes, au pourtour du réchaud, on voit

brûler la flamme pâlote et vacillante de grosses petites
bougies de cire, destinées à maintenir une chaleur
égale sous les plats qui contiennent les entrées. Devant
les maîtres de la maison, aussitôt le potage fini, vient
s'étaler une longue planche posée sur quatre pieds
tournés, et emmaillotée d'une serviette damassée; elle
supporte un majestueux poisson, bar, mulet, truite ou
saumon, dont la robe argentée miroite au reflet des
bougies; autour de lui, ronds de citron, de carotte,
petits tas de persil, sont rangés dans un ordre savant,
et dans la gueule du monstre est inséré un petit bouquet. Il était d'usage alors, surtout entre amis, de
s'extasier sur la beauté du poisson, et c'était là un pre
mier petit triomphe qui chatouillait délicieusement
l'orgueil de la maîtresse de maison.

L'art du dressage était fort en honneur; chaque
cloche enlevée sur une entrée devait découvrir un chef-
d'œuvre. Le savant édifice des croûtons dorés, le blanc
crémeux ou le brun transparent des sauces, les légumes
découpés en formes pittoresques, les truffes piquant
de-ci, de-là, leur ton noir et velouté, flattaient les yeux
avant d'enchanter l'odorat et le goût.

Aux deux bouts de la table se dressait en pyramide
orgueilleuse le rouge flamboiement du buisson d'écrevisses, la tour pleine de promesses du pâté de Strasbourg, ou encore le jambon glacé plus paré qu'une
mariée bretonne, entouré du rempart tremblant des
gelées...

Est-ce à tort qu'on a renoncé à ces pompes gourmandes? Je ne le pense pas.

Les délicats trouvaient que le spectacle prolongé des
mets qui vont vous être offerts en dégoûte d'avance,

que le plaisir de l'imprévu ajoute beaucoup à celui du bien manger, qu'enfin et surtout l'odeur de ragoûts si divers donne à l'air ambiant ce parfum *sui generis* qu'on appelle « odeur de restaurant ».

Les gourmets, les amateurs de bonne cuisine, ajoutaient à ces inconvénients sérieux celui de la longue attente que devaient supporter certains plats avant d'être servis.

La dernière entrée, par exemple, à force d'avoir mijoté sur sa bougie, arrivait à l'état de « réchauffé ». Or la plupart des sauces fines perdent une bonne part de leur valeur quand elles restent trop longtemps avant d'être consommées.

Enfin, ce genre de service exigeait un matériel encombrant, coûteux, d'un entretien minutieux, et l'emploi de grandes tables peu faites pour l'exiguïté des appartements modernes.

Les maisons à petites cages, dont Paris fut, hélas ! si richement doté vers le milieu du XIX° siècle, ont plus contribué qu'on ne croit à la décadence des grands dîners et de la grande cuisine.

Au service français, succéda presque sans transition le service dit « à la russe ».

D'un extrême on passait à l'autre ; plus rien que des fleurs, des fruits, des bonbons, des menues friandises sur la table. Les plus nobles pièces, poisson, volaille ou venaison, découpées en petites tranches, étaient servies par derrière, ce qui, prétendaient les mauvaises langues, facilitait les fraudes les plus coupables sur la nature des mets ainsi défigurés... Et quant aux merveilles du dressage, elles avaient sombré dans le naufrage général des bonnes traditions culinaires.

On est revenu de ces excentricités. Le service actuel offre un très heureux mélange des deux systèmes. Je n'entrerai dans aucun détail en ce qui le concerne et me contenterai de quelques données générales en dehors des fluctuations de la mode.

Il faut couvrir d'abord la table d'une sous-nappe en molleton pas trop épais. Cela évite le bruit du choc des assiettes et couverts, et fait ressortir l'effet du linge de table.

Nappe et serviettes doivent être du damassé très blanc, et, si ce n'est neuf, au moins blanchi à neuf, c'est-à-dire apprêté et brillant. Le linge à bandes de couleur est absolument réservé aux déjeuners.

La porcelaine a de nouveau détrôné la faïence dont le long règne a pris fin avec l'abus du bon marché; néanmoins les très beaux services en faïence, à décor artistique, peuvent encore figurer même sur une table élégante.

Le couvert proprement dit se compose d'une assiette plate, des cuillères, couteau et fourchette, du porte-couteau, de quatre verres, un pour l'ordinaire, un à bordeaux, un à madère, un à champagne.

Sur l'assiette, la serviette cachant le petit pain; le menu debout sur le porte-menu ou couché sur un verre. Est-il besoin de dire que les pliages de serviette compliqués et prétentieux sont bannis des tables de bon goût? il en est de simples qui sont fort jolis.

J'ai vu quelquefois placer le service à entremets, couteau et fourchette, devant l'assiette, en haut, mais je n'aime pas cette mode, empruntée à la vie d'hôtel.

Rien ne vaut, selon moi, le joli effet de la belle assiette de dessert en fine porcelaine à bords dorés et découpés, portant les couverts de vermeil ou de belle argenterie que pose adroitement devant vous le serveur.

Les carafes à eau et à vin, les salières, les accessoires divers, sont placés symétriquement à portée de la main des convives.

Sur le milieu de la table, garnie du napperon élégant qu'on appelle aujourd'hui *chemin de table*, sont placées les pièces montées du dessert, et, au centre, le surtout.

Il y a des modes pour les surtouts comme pour les chapeaux. Une année on les fait hauts, volumineux, on y met des fruits, des fleurs, des plantes vertes ; l'an d'après, tout est à bas, il ne faut plus que des petites rivières de cristal, des statuettes minuscules, des fleurettes en parterre.

Le vrai bon goût ne cherche point à suivre ce vagabondage d'art décoratif. L'appropriation des choses à leur milieu, l'harmonie des lignes et des couleurs, restent la loi suprême de tout décor, loi hors de laquelle il n'est point de succès.

Veut-on des exemples ?

Vous avez à orner une table de dîner pour une dizaine de personnes, dans une salle à manger parisienne, c'est-à-dire dans un local de dimensions un peu restreintes. La table ne sera donc pas très grande, elle sera très couverte par le service : assiettes, verres, couteaux, carafes, etc., lampes ou candélabres pour l'éclairage, etc. L'espace réservé au surtout sera donc peu étendu : en ce cas, une jardinière basse avec une jolie plante ou des fleurs coupées suffira largement. Si vous voulez augmenter la décoration florale sans charger la table, vous pouvez y ajouter quelques

« rivières » ou, ce qui vaut mieux, devant la place de chaque dame, un élégant porte-bouquet avec des fleurs fines.

Mais s'il s'agit d'une de ces vastes pièces qu'on trouve encore dans les vieux hôtels de province ou dans les beaux appartements de Paris, un décor bas ferait un effet mesquin, presque piteux, sur une grande table où les couverts sont largement espacés, où les accessoires sont multipliés. Il y faut un surtout ample, garni de plantes riches de tons et de formes, ou de fleurs en branches disposées habilement de façon à remplir sans encombrer.

Le décor est complété par les « bouts de table » en cristal et orfèvrerie ou en belle porcelaine, chargés de beaux fruits ou de fleurs, parfois des deux.

On ne saurait croire quel parti on peut tirer pour un surtout du mélange des fruits et des fleurs. Les pêches, les prunes, le raisin, et, plus tard, les poires d'hiver et les pommes calville fournissent des ensembles merveilleux. Si la corbeille est très grande, on se trouvera bien de faire partir du milieu un motif de fleurs ou de plantes vertes en gerbe. Autour de ce motif central, les fruits sont disposés en couronne rappelant par leur effet les admirables bordures des tapisseries anciennes.

Une table de dîner doit être très éclairée. Elle ne l'est jamais trop. Il n'y faut point de coins sombres, ni de taches lumineuses. Tous les détails du couvert doivent ressortir en pleine lumière et aussi les visages et les toilettes des convives. Pour arriver à ce résultat, une lampe à suspension, si forte qu'on la suppose, sera toujours insuffisante. D'ailleurs, elle expose à ces deux écueils. Si, pour mieux éclairer le couvert, on la tient à une faible hauteur, ses ornements viennent se mêler au motif central du surtout, c'est d'un effet décoratif désastreux. Si, pour éviter cet inconvénient, on laisse la lampe un peu haute, alors c'est sur le couvert un jour crépusculaire, et, sur les figures, des ombres portées qui enlaidissent les jolies femmes et rendent les laides hideuses, ce qui met tout le monde de mauvaise humeur.

Il est bien entendu que je ne parle pas ici des grands appareils à gaz ou à électricité qui font un éclairage *a giorno*.

Il vaut mieux compter à peu près pour rien la suspension, la tenir un peu haut, éclairer la table avec des bougies. — Quatre candélabres au moins, et, si la table est longue, deux très grosses lampes en bouts de table avec globes opaques — jamais d'abat-jour, fussent-ils des chefs-d'œuvre. C'est une erreur que de faire entrer en ligne de compte les branches à bougies qui entourent la suspension; sans doute, il faut les allumer pour le décor, mais elles n'ont point de *pouvoir éclairant*, elles sont trop loin de la table, et (à moins qu'il ne s'agisse d'un appareil de premier ordre) elles ne sont pas assez nombreuses pour fournir un foyer de lumière.

Pour n'avoir pas de surprises désagréables au dernier moment, j'engage les jeunes maîtresses de maison à faire avant le soir du dîner une répétition générale, ou plutôt une épreuve d'éclairage. On pose une nappe sur la table, on y met, à la place qu'ils devront occuper, les appareils d'éclairage, on allume tout, et l'on peut ainsi se rendre compte de ce qu'il est à propos d'ajouter ici ou là. Disons en passant et pour n'y plus revenir que cet essai doit toujours être fait quand, pour la première fois, l'on recevra le soir en cérémonie.

Je reviens à la salle à manger : ce n'est pas seulement la table qui doit être éclairée, mais aussi les desservants, tables de service, etc., car il faut éviter aux domestiques les erreurs, les heurts, les maladresses, suites fatales de l'obscurité.

Cependant cet éclairage doit être modéré ; il suffit d'une lampe de calibre ordinaire, même médiocre, pour chaque table ; elle aura aussi son globe dépoli, les abat-jour en pareil cas ne sont pas corrects. Point de bougies surtout ! pour ce service ; elles font des taches et se renversent facilement.

Il est bien entendu que si la pièce où a lieu le dîner est éclairée partout par la lumière émanant des grands appareils à gaz ou à électricité, ce détail est à supprimer.

Pour en finir avec la question d'éclairage, un tout petit conseil de prudence. Faites allumer le matin toutes vos bougies et laissez-les brûler une minute pour leur « faire le nez », suivant l'expression des domestiques, cela simplifie et rend plus rapide l'allumage au dernier moment, on évite aussi les coulées de cire et les mèches mal tournées.

Que le dîner soit grand ou petit, il faut, pour que le service s'effectue bien et facilement, prendre un certain nombre de précautions.

Tout d'abord, installer dans un coin ou dans l'embrasure d'une fenêtre une table de service, recouverte d'une nappe frangée, sur laquelle seront posés les piles d'assiettes de rechange et tous les accessoires que les domestiques doivent avoir sous la main sans chercher : couteaux, serviettes d'office, tire bouchons, petits pains, etc.

Sur le desservant se placent les bouteilles de vin fin, et ce qui se sert « en dehors » : citrons, beurre, caviar, petits hors-d'œuvre, fromage, etc.

Il faut tâcher de tout prévoir, même le bris d'un verre, la chute d'un morceau qui fait tache, car rien n'est gauche comme d'avoir à s'agiter, à courir, pour trouver ceci ou cela.

Dirai-je quelques mots du service de la domesticité? Ici encore, je puis renvoyer aux chapitres précédents.

A rappeler pour mémoire : la nécessité d'avoir des mouvements doux, ni trop vifs ni trop lents, le regard attentif aux besoins des invités et surtout à guetter sur le visage du maître ou de la maîtresse de maison un de ces clins d'œil qui indique un ordre à recevoir; l'habileté à saisir au passage cet ordre qui ne peut être donné qu'à voix basse ou à peu près, et à l'exécuter tout de suite. La discrétion, le mutisme dans le service, mais aussi la netteté de prononciation en disant à demi-voix le nom des vins offerts; enfin la correction magistrale dans le « Madame est servie » et dans l'ouverture au large de la porte, pour laisser passer le flot des convives à l'entrée et à la sortie.

Tenue : habit noir, gilet *id.*, lingerie d'un blanc irréprochable et gants de fil blanc en cas de « cérémonie ». Pour les dîners intimes, tant de solennité détonnerait un peu. Une tenue soignée suffit.

Enfin voici pêle-mêle quelques indications de détail nécessaires à connaître pour éviter les « incorrections ».

1° Jamais, sous aucun prétexte, le *bouilli* ne doit être servi dans un dîner prié, même intime.

2° Même loi pour la *soupe au pain*. Le potage se compose soit de bouillon avec des petites pâtes, des quenelles, etc., soit de soupes maigres d'une sorte très soignée.

3° Hors de l'intimité, la soupière ne paraît point sur la table.

Aussitôt les convives installés, le domestique place devant eux l'assiette remplie *très modérément*.

4° Dans l'Ouest, pendant la saison des huîtres, on en sert au commencement du repas, même à dîner, avant le potage. Chaque convive trouve sur son couvert, à la place de la serviette et du petit pain qui sont disposés à côté, une assiette contenant de huit à douze huîtres suivant leur grosseur.

C'est une coutume que j'ai toujours vu paraître très agréable aux dîneurs. On fait passer en même temps des citrons coupés par moitié.

Il va sans dire que la fourchette à huîtres sera jointe au couvert, et, si l'on veut, des petites serviettes frangées pour s'essuyer les doigts sans imprégner la grande serviette d'une mauvaise odeur.

5° Le fromage se sert en dehors, au début du dessert; on a soin de ne pas le laisser sur la table.

6° Les *gros fruits* seront coupés en quartiers et le raisin en grapillons de taille raisonnable. C'est le domestique qui se charge de cette opération qu'il fait sur une table de service, après avoir enlevé la corbeille où il prendra la pièce à découper, car il ne serait pas correct qu'il avançât le bras sur la table pour y prendre le fruit à servir. Quand on est en dîner d'amis, ce cérémonial n'est pas de rigueur et la maîtresse de maison se charge de ce petit manège où elle peut mettre beaucoup de bonne grâce.

Disons à ce propos qu'il est un peu ridicule d'apporter au service d'un dîner d'agrément le faste et l'étiquette d'un dîner d'apparat. Il y a des maîtres de maison si guindés, si haut perchés, qu'ils croiraient manquer à leur dignité en découpant un perdreau ou en servant des parts d'entremets. Cela sent le parvenu et glace l'hospitalité. C'est affaire de jugement et de mesure. Les gens bien élevés ne font jamais d' « impairs ».

7° L'usage des bols rince-bouche a depuis si longtemps disparu que je n'en parle que pour mémoire. Il est avantageusement remplacé par le filet d'eau légèrement parfumé que le domestique fait tomber d'une aiguière sur les doigts qu'on lui tend.

8° En été, il faut faire passer de la glace pendant tout le temps du repas. Elle est offerte en petits morceaux dans une jatte de cristal et avec une cuillère *ad hoc*.

Les boissons « frappées » sont mises dans des cruches d'une forme spéciale avec récipient intérieur pour la glace. Il est souvent bien difficile en province de se procurer de la glace transparente, « propre », pour dire le mot dans toute sa crudité. On recommandera aux domestiques de mettre du soin à ce service, soit en cassant la glace, soit en choisissant les morceaux.

. . . .

En thèse générale, les enfants ne doivent pas assister aux dîners de cérémonie Ils n'y sont nullement à leur place d'ailleurs; la longueur du repas les énerve, la variété et la profusion des mets les poussent à manger beaucoup plus que de raison; n'étant point sous la surveillance directe des parents, ils peuvent prendre des libertés dangereuses sur la question des vins et du dessert, enfin les « propos de table » ne sont pas faits pour les jeunes oreilles, même dans les intérieurs les mieux réglés.

Il y a pourtant bien des exceptions à cette règle : les repas de fêtes, de noces, de baptême, ceux donnés pour la venue des parents ou d'amis, réunissent tous les membres de la famille, tous ceux du moins qui ont « l'âge de discrétion ». Les places du bout de la table sont réservées au jeune monde. Il faut tâcher de trouver dans les sœurs aînées, les petites tantes, d'aimables mentors à donner comme voisines aux trop jeunes convives. Surtout, jamais de table d'enfants à côté de la grande, c'est de la plus vulgaire éducation.

Quelques mots ici pour mes lectrices de province. Ils seront inutiles à celles qui, ayant toujours vécu dans ce milieu, en savent les us et coutumes, mais les jeunes Parisiennes ayant épousé de hauts fonctionnaires ou de grands propriétaires me sauront gré si je leur évite quelques-unes de ces *écoles* petites ou grandes qui ont suffi plus d'une fois pour leur faire perdre les bonnes grâces de toute une « société ».

En province, pour peu que l'on ait une certaine aisance, on vit largement, on mange très bien, toujours plus et souvent mieux qu'à Paris. Les menus doivent y être « corsés » comme nombre, qualité et ampleur des plats. Les petites tranches minces comme des feuilles de papier, les volailles découpées en morceaux mignons, les verres remplis à demi, sont d'un effet déplorable. Il faut plus de vins, de plus de sortes, et en faire passer plus souvent.

Dans ce délicieux petit chef-d'œuvre de Nadaud qui

s'appelle *Une Idylle*, se trouve le récit tragi-comique des mésaventures qu'éprouve un jeune ménage parisien qui a voulu rendre à son tour un grand dîner à des voisins de campagne. Malgré toute la bonne volonté possible et les efforts les plus ingénieux, l'échec est lamentable et tout finit par des chansons satiriques.

Il faut donc se renseigner à fond auprès des bonnes têtes du pays, avant de se lancer dans la composition du menu. Il y a aussi à prendre garde aux goûts particuliers des provinces.

Tel mets, réputé *distingué* ici, sera presque commun ailleurs.

Quand j'habitais la Savoie, les pâtes alimentaires entraient fréquemment dans la nourriture du peuple; on eût fait un gros « impair » en offrant à ses invités un potage au vermicelle ou un plat de macaroni. Par contre, dans le Nord, je sais un jeune sous-préfet qui fut disqualifié dans le monde local pour avoir offert de la bière en été dans une petite soirée.

Ne quittons pas la question « Dîners » sans parler des invitations.

Pour un dîner de cérémonie, elles se font huit jours à l'avance par lettre ou carte imprimée. Pour un dîner plus intime, quelques mots sur une carte de visite suffisent.

On doit répondre *immédiatement*, soit qu'on accepte, soit qu'on refuse, car il faut que les maîtres de maison aient le temps de compléter leur table par de nouvelles invitations; celles-ci faites *in extremis* ne peuvent s'adresser qu'à des amis à toute épreuve, à des parents proches, ou à de petits jeunes gens sans conséquence, car, surtout en province où tout se sait, on court risque de blesser ainsi les personnes reléguées au rôle de « bouche-trou ».

En province aussi, il est prudent, pour éviter un échec, de s'assurer à l'avance que, pour telle ou telle date, on pourra compter sur ses invités. En effet, à certaines époques de l'année, le tourbillon des dîners est si intense que des membres d'une même « société » (pour parler le langage courant) ont vingt invitations pour les sept jours de la semaine.

A Paris, il en est de même pour les gens très mondains.

DÉJEUNERS, LUNCHS, ETC.

Le service d'un déjeuner prié est plus simple, moins fastueux que celui d'un dîner. Cela se répartit sur beaucoup de petits détails.

L'absence d'éclairage éloigne une grande source de complications. Une corbeille de fleurs en faïence ou en cristal remplace le surtout. Il est très joli de l'entourer, pour le milieu de table, de quatre assiettes à pied ou coquilles élégantes remplies de beaux fruits de saison.

Le couvert est moins chargé, le linge de fantaisie est permis, la faïence aussi.

J'ai dit plus haut quels sont les plats en usage ; on y fait toujours figurer des œufs : omelettes diverses, œufs brouillés aux champignons, aux pointes d'asperges, aux truffes, etc., et de la viande de boucherie : côtelettes, biftecks, rognons sautés, langue, etc. Au début, *jamais* de potage, mais des huîtres pendant les mois autorisés. Au dessert, brioche ou galette ou plum-cake, fromage à la crème, tourte aux fruits, etc., plus les assiettes ordinaires de petits fours et bonbons, mais en moins grand nombre qu'au dîner et de sortes plus simples.

Le café et le thé se servent à table ainsi que les liqueurs.

Un ennui des déjeuners, c'est que l'on ne sait que faire de ses hôtes quand ceux-ci ne prennent pas l'initiative du départ. Il est de bon goût, après un petit séjour au salon, de leur rendre la liberté par une phrase bien tournée disant en substance que, malgré le plaisir que l'on aurait à les conserver plus long-temps, on ne veut point se rendre indiscret en empiétant sur la portion de leur temps réservée aux affaires. C'est là le sens général, sinon les paroles.

Le *lunch* de cérémonie n'a guère sa place que pour les mariages, baptêmes, réunions d'enfants et de jeunes filles.

Le premier de ces cas rentre dans la catégorie des grandes réceptions, et c'est avec le fournisseur attitré qu'on devra s'entendre pour le service, au point de vue du personnel et du matériel et aussi en ce qui concerne le choix et la quantité des rafraîchissements.

On sait que ceux-ci comportent non seulement des pâtisseries, petits fours, plum-cakes, brioches, babas, etc., mais aussi des sandwiches fins au jambon, au foie gras, etc., et même, en certains cas, les aspics, les galantines, etc.

Comme boissons, du thé, du chocolat, du consommé, des vins fins, de la bière même, des vins de dessert et du champagne, enfin glaces et punch.

Mes lectrices, jeunes mamans et jeunes tantes, me

sauront gré d'entrer dans quelques détails en ce qui concerne les goûters d'enfants. J'en ai tant donné! mon expérience me procurera le vif plaisir de leur être utile.

Pour ce petit monde, il y a trois points à considérer tout d'abord : 1° les amuser; 2° les régaler; 3° éviter les gros malheurs.

« Où il y a de la gêne, il n'y a pas de plaisir », dit le proverbe populaire.

Sans le prendre trop à la lettre, ce qui mènerait tout droit à la rusticité, il faut cependant en tirer cette leçon que les raffinements et les élégances de la mode ne sont point à leur place pour une « tablée de marmots ».

On laissera de côté les nappes ouvragées finement, les chemins de table brodés de soie et garnis de dentelles, les serviettes minuscules, bonnes à essuyer le bout des ongles roses d'une main délicate. Il faut prévoir les verres de sirop culbutés, les tasses de chocolat heurtées, les paquets de crème semés çà et là, les gâteaux imprimant en taches grasses leur place où on les a posés. Il faut aussi que les jolies robes des fillettes, les costumes des garçonnets, soient abrités contre leurs maladresses et celles de leurs voisins. Donc, nappes et serviettes de table damassé blanc ou avec bordure de couleur, ce qui est plus gai.

Des fleurs sur la table aux deux bouts, car le milieu doit être réservé pour la pièce d'importance, le grand gâteau! ou la jatte de crème fouettée, ou le bavarois majestueux dont l'apparition fait ouvrir au large des yeux ravis.

Je ne conseille pas les fruits : les enfants, l'estomac

barbouillé de pâtisseries et de crèmes, ne les digèrent pas bien et il peut en résulter d'immédiates et lamentables infortunes. Je ne parle point ici des goûters de campagne où ils sont tout à fait à leur place.

Pour les petits gâteaux qui garniront les assiettes, il faut les choisir faciles à absorber sans dégâts, bannir les éclairs, les bombes à la crème, les tartelettes aux fruits, tout ce qui poisse, coule, tache; les petites brioches, les plum-cakes, canapés, feuilles de palmier, langues de chat, milanais, macarons, etc., offrent un large choix, et aussi ces délicieuses petites friandises qui font la joie des marmots : noix, champignons meringués, etc.

Les oranges sont toujours les bienvenues et terminent de façon agréable et... hygiénique le festin. En salade bien sucrée, aromatisée de kirsch ou de rhum très étendu d'eau, elles ont un grand succès.

Ne pas abuser des bonbons, se contenter de chocolat praliné, de pastilles au fruit, de grains de café. Les fruits confits sont longs à manger et barbouillent de sucre en sirop les mains et les figures.

Des « cosaques » en masse, au moins deux par invité. Disons à ce propos qu'il faut, dans le calcul des provisions, s'arranger de façon à ce que chaque enfant puisse avoir un gâteau de chaque sorte qui paraîtra sur la table. Il faut compter avec la faiblesse humaine, surtout à un âge où l'éducation et l'usage du monde n'ont pas encore eu le temps d'imposer aux passions leur frein salutaire. Pourquoi courir au-devant de gros chagrins quand il est si facile de les éviter?

Pour les marmots au-dessous de six ans, faire passer les assiettes de friandises est une opération un peu scabreuse. Sans doute il y a des enfants gentils et discrets par nature, bien stylés par des parents soigneux des choses d'éducation : ceux-là prendront correctement un gâteau ; mais les petits gloutons, les rustres, les enfants gâtés élevés par des parents trop faibles ou incapables, peuvent causer des ennuis de plus d'une sorte ; il vaut donc mieux, en général, *servir* les petits convives.

Pour la boisson, des sirops coupés d'eau, de l'eau rougie, jamais de vin pur ! même des vins sucrés ou autres.

On ne peut trop s'indigner contre ces maîtresses de maison qui, par vanité ou par ignorance, offrent à des enfants du malaga, du frontignan, du champagne ! C'est une coupable folie ; on expose à de graves atteintes ces petits cerveaux encore faibles, et qui, chez certains sujets, sont fatalement prédisposés à la méningite.

Il y a bien assez de l'animation du jeu, de la réunion nombreuse, du plaisir de gourmandise, pour exciter tout ce jeune monde et le jeter hors de ses gonds.

Un petit conseil d'hygiène pour terminer :

Pendant que les enfants sont réunis dans la salle à manger pour le lunch, il faut aérer la pièce où ils ont joué en ouvrant au large les fenêtres, sauf à les refermer un peu avant la rentrée de la bande joyeuse.

Après le goûter, les jeux tranquilles sont préférables, la digestion est moins troublée et, au moment de leur départ, les enfants, calmés et rafraîchis, peuvent affronter sans danger l'air extérieur.

SOIRÉES PETITES ET GRANDES

Des premières, il n'y a que peu de choses à dire — à rappeler seulement le principe général, de veiller au bien-être et au plaisir de ses invités.

En hiver, que le salon soit d'une température modérée, mais suffisante, car il faut contenter les gens qui ont toujours froid et ceux qui ont toujours trop chaud.

Point de lésinerie sur l'éclairage; les coins sombres sont la mort de l'animation. Il faut qu'on voie clair *partout*.

Des sièges commodes, point d'étagères et de tables à bibelots qui se promènent dans le salon. On les pousse dans les coins, ou on les place ailleurs.

Éviter de *parquer* ses hôtes — les dames par ici, les messieurs par là; les joueurs seuls doivent avoir leur place réservée, et trouver les tables ouvertes garnies de cartes et de jetons et éclairées chacune par deux flambeaux avec des bougies portant un petit abat-jour.

Si l'on a beaucoup de *jeunesse*, lui abandonner une pièce où elle puisse jouer aux petits jeux, rire et s'amuser sans être à charge aux gens sérieux.

Servir le thé, soit dans la salle à manger, si la réunion est un peu nombreuse, soit dans un coin du salon sur une table spéciale.

Ce thé sera accompagné de quelques assiettes de petits fours, d'un gros gâteau, brioche, baba, galette ou plum-cake.

Il y a des maîtresses de maison qui, pour éviter l'émiettement et les taches de graisse, font servir ces pâtisseries en petits gâteaux plus faciles à manier sans inconvénient que les parts découpées.

On sert souvent thé ou chocolat suivant le goût des invités.

Le chocolat doit être fait avec beaucoup de soin, un peu crémeux, pas trop, bien sucré et vanillé (pour ceci, il suffit d'employer du chocolat de qualité supérieure). Tout le monde sait qu'avec le thé on offre du sucre, de la crème et du rhum.

Si l'on est un peu plus en cérémonie, à cause du plus grand nombre des invités, on fait passer, une fois avant le thé et une fois après, du sirop, du punch et quelques assiettes de bonbons.

Si l'on se réunit en été, on remplace le thé et le chocolat par des boissons glacées et même de la bière.

Les pâtisseries alors sont toutes du genre « sec ».

Rappelons qu'il ne faut pas laisser, dans les pièces où l'on se tient, de bouquets odorants. Le parfum des fleurs, dans un salon plein de monde, peut causer les plus graves malaises.

En ce qui concerne le service, il faut réduire celui des domestiques aux seules entrées *indispensables*. Ils apporteront et remporteront les plateaux chargés de verres, la table à thé et ses accessoires, mais ce n'est point à eux qu'est dévolue la mission d'offrir les tasses de thé, les assiettes de bonbons, de gâteaux, etc.; ce sont les jeunes filles de la maison et leurs amies qui font ce gracieux office.

Cependant, si quelqu'un demande un verre d'eau, c'est à un domestique à l'apporter.

En général, *tout ce qui s'offre sur un plateau* doit être présenté par les gens de service.

Avec les grandes soirées, nous entrons dans un ordre d'idées beaucoup plus compliqué.

Une grande réception, bal, concert ou représentation théâtrale, exige, pour être réussie, un vaste emplacement, un personnel nombreux et très bien stylé, et une large dépense.

C'est dire que ce genre de réunion ne relève que des grosses fortunes ou du monde officiel.

Une soirée dansante impose moins de frais, moins de bouleversements d'intérieur qu'un vrai bal.

Les invités ne sont pas si nombreux, les toilettes sont un peu plus simples; l'on peut remplacer, si l'on veut, le souper et même le buffet par un service de plateaux bien organisé, et à minuit ou une heure, une sorte de demi-souper, servi sur une table de la salle à manger très décorée et largement garnie de comestibles et rafraîchissements « ad hoc ». Enfin le cotillon n'est pas indispensable.

Un *grand* bal est une *grande* entreprise. En ce qui concerne ses préparatifs, voici quelques indications à suivre pour toute maîtresse de maison qui donne à danser chez elle.

1° Il faut chauffer d'avance le lieu de la réunion, mais éteindre tous les foyers à mesure que les salons commencent à se remplir. Du reste la chaleur qui se dégage d'une réunion nombreuse est telle que celle du feu est presque superflue. Il faut bien se garder d'ailleurs de *boucher* les cheminées, l'appel d'air qui se fait par leur tirage est indispensable pour éviter l'asphyxie.

2° Il est nécessaire de *décirer* (pardon du néologisme) la ou les pièces où l'on dansera. Faute de cette précaution, les glissades, les chutes dangereuses même sont à craindre au début de la soirée; plus tard, la chaleur produite par le frottement des pieds sur le parquet fait fondre la cire au grand détriment des souliers blancs, des bords de robes qui se noircissent et aussi au grand ennui des valseurs dont une sorte de glu entrave les pas.

Il faut enlever les battants des portes de toutes les pièces où se tiendront les invités. On les remplace par des portières artistement drapées.

La question de l'orchestre, de sa place, de sa composition est très importante, car rien ne nuit à l'entrain d'un bal comme une musique trop maigre et que l'on n'entend pas partout.

Pour la centième fois, je répéterai qu'il ne faut pas de mesquinerie quand on veut bien recevoir; c'est une « radoterie », dirait Mme de Sévigné, mais qu'on me la pardonne, je la trouve à chaque tournant de route, dans le sujet que nous traitons.

Assurez-vous le concours de bons musiciens en nombre suffisant; installez-les sur une estrade, c'est indispensable pour que le son se propage aisément, et... ne leur demandez pas plus qu'ils ne peuvent donner.

L'humanité, l'équité même, vous imposent le devoir de leur accorder un repos un peu prolongé toutes les heures au moins.

Dans le même ordre d'idées, j'ajouterai qu'une bonne maîtresse de maison doit veiller à ce que ces pauvres artistes, qui ne trouvent que fatigue et épuisement là où tant de leurs semblables s'enivrent de tous les plaisirs, puissent soutenir leurs forces. Ils en font une si grande dépense!

Des boissons, bières, vins, sirops, des pâtisseries et, plus tard, des aliments plus substantiels leur seront portés sur des plateaux par les domestiques à plusieurs reprises. Il ne faut pas trois minutes pour veiller à cela, et elles seront bien employées.

Une grosse affaire : les sièges et leur disposition !

Il va sans dire que tout ce qui est bahut, vitrine, consoles, disparaît pour leur céder la place.

Contre les murs s'alignent les fauteuils, les canapés réservés aux dames mûres, aux mamans, ces pauvres mamans qui y feront sans doute plus d'un petit somme discret avant la fin de l'interminable cotillon !

Autrefois on ne concevait guère un bal sans banquettes. Celles-ci sont réservées maintenant aux fêtes patriotiques, et remplacées avec grand avantage par les « chaises volantes », légères, faciles à manier et permettant de se grouper.

Les sièges « fatiguent » beaucoup dans une réunion dansante, aussi est-il d'une sage prudence de ne pas exposer l'éclat des soieries qui couvrent les meubles fins, la fraîcheur de leur peinture laquée, la finesse de leurs dossiers délicats.

Du reste, en cas de bal, grand ou petit, il faut toujours avoir recours à la location du matériel.

On trouve à Paris et dans toutes les villes un peu importantes des ressources très complètes sous ce rapport, et, en s'adressant à des maisons sûres, il n'y a qu'à établir un traité, à livrer à l'armée des décorateurs, serveurs, etc., les pièces consacrées à la fête, et... à payer la note.

Recommandons à la maîtresse de maison de réunir dans des appartements qu'on fermera à clef, pendant tout le temps que durera la soirée, ses préparatifs et ses suites, les objets de valeur faciles à dérober.

Il y a des bibelots de grand prix qu'il est prudent de soustraire à la brusquerie ou à la convoitise d'un personnel étranger n'offrant que peu de garanties.

S'il y a lieu à démeubler partiellement une ou plusieurs chambres, cette opération doit être faite sous les yeux des maîtres ou au moins de la dame du logis, car, faute de cette surveillance, quelque larcin important, quelque catastrophe mobilière, peuvent se produire, et l'on n'a, en pareil cas, à s'en prendre qu'à soi-même; on a couru au-devant des malheurs, en écoutant sa négligence ou son apathie.

Il faut aussi s'assurer que rien n'a été omis dans les salons, au vestiaire, à l'office pour le service des invités.

Je rappellerai qu'une chambre quelconque, facile d'accès et *indépendante du vestiaire*, doit toujours être tenue à la disposition des dames pour y réparer les avaries de leur toilette, y soigner leurs petits malaises, etc. Elles y trouveront une femme de chambre, armée de tout un attirail de couture, une table de toilette bien garnie de savons, eaux de toilette, poudre de riz, etc., et une provision de serviettes fines.

Enfin, car il faut tout prévoir, on veillera à ce que des seaux pleins d'eau soient déposés dans des endroits où ils puissent être facilement pris en cas d'incendie.

Il est presque toujours nécessaire de renouveler l'atmosphère d'une salle de bal après quelques heures d'encombrement, en ouvrant les fenêtres pour y faire entrer l'air extérieur.

Cette opération délicate est, non sans raison, la terreur des mamans qui redoutent l'effet d'un courant d'air glacial sur des épaules et des bras nus en pleine moiteur : aussi doit-elle se faire avec une grande prudence, et les maîtres de la maison doivent y veiller. Il vaut cent fois mieux faire évacuer un coin du salon et ouvrir franchement une fenêtre pour laisser sortir et entrer d'un coup une grande masse d'air, que d'entrebâiller les battants en une fente par où se glisse un filet homicide.

On peut choisir un moment où les invités se pressent au buffet pour se livrer à cette manœuvre.

Je n'entrerai pas ici dans le détail de ce qui concerne les « rafraîchissements », c'est l'affaire du fournisseur qu'on a chargé de ce service.

On lui a dit le nombre de personnes invitées, le nombre probable des acceptants, en faisant la part des empêchements de toute nature qui réduisent toujours la liste d'un quart au moins.

Il y a des devis tout préparés auxquels il suffit de se rapporter. Pour tant de personnes — tant de sandwiches, tant de pains au foie gras, de kilos de petits fours; de litres de punch, de sirop, de vin blanc, de bouillon, etc., tant de bouteilles de champagne, de glaces, de demi-glaces. En général, et quand on s'est adressé à une bonne maison, ces calculs-là sont faits avec beaucoup de perspicacité.

Il va sans dire que tout le matériel de service, plateaux, verres, coquilles à glace, etc., est fourni par elle.

L'installation du vestiaire est d'une plus grande importance qu'on ne croit.

C'est dans ce lieu que se pressent à l'arrivée et surtout au départ les invités, et, si le personnel n'est pas assez nombreux, si les tables, casiers, etc., ne sont pas bien disposés, il en résulte des attentes interminables, des bousculades, des plaintes et parfois de bien plus graves incidents.

Que de jeunes filles et surtout de jeunes gens, le sang embrasé par l'ardeur de la danse, ont pris, en attendant leurs vêtements de dessus, des angines, pleurésies, rhumatismes articulaires, etc.

Pour résumer ce qui précède, je dirai qu'en fait d'hospitalité il faut aller largement si l'on veut réussir, et surtout ne pas faire de sottes économies quand il s'agit du bien-être de ses invités.

Que l'éclairage soit brillant, les rafraîchissements abondants et fins, les serviteurs nombreux et bien stylés.

Le rôle des maîtres de la maison est d'ailleurs simplifié par la bonne organisation du service. Il reste si lourd d'autre part!

Être sur pied pendant des heures, faire bon accueil aux arrivants, se tirer avec habileté de la si délicate question des *places*, veiller à ce que les danseurs se montrent secourables envers les danseuses qui restent sur leurs chaises, à ce que les gens graves fassent leur partie de cartes bien tranquillement, à ce que les plateaux soient présentés en temps voulu, à ce que les musiciens ne mettent pas trop d'intervalle entre les danses et ne jouent pas trop longtemps chacune d'elles, à ce que le buffet ne soit pas encombré par les indiscrets et inabordable pour les timides, trouver moyen de dire un mot, une phrase aimable à trois cents personnes et savoir encore satisfaire à ce qu'exige le devoir professionnel envers les « gros bonnets », certes, c'est une tâche singulièrement compliquée!

Il y a des femmes si heureusement douées qu'elles l'accomplissent sans effort, sans inquiétude, presque sans fatigue, et savent y trouver pour les autres et pour elles-mêmes la source d'un sincère et vif plaisir.

Le bal fini, les maîtres de maison ne sont pas encore au bout de leur tâche. La prudence leur commande, avant d'aller prendre le repos dont ils ont si grand besoin, de faire encore une tournée d'inspection générale : la dernière, pour le coup! Il faut en effet s'assurer que tous les feux sont éteints, toutes les fenêtres fermées, tous les serviteurs étrangers partis. Ceci fait, on fermera à clef toutes les pièces où s'est donnée la fête, et celles surtout où l'on avait tenu les provisions de vins, etc. Ne faut-il pas éviter qu'avant le lever forcément tardif des maîtres, et sous prétexte de « restes », tout cela soit mis au pillage, non sans petites orgies et grosses querelles?

Il sera sage aussi de présider à l'ouverture des salons où l'on a dansé. Danseurs et danseuses ont pu et dû y perdre bijoux, mouchoirs, éventails, bibelots précieux. Ce n'est qu'après avoir mis en sûreté ces épaves d'une nuit de bal, qu'on livrera l'appartement à ceux qui sont chargés de le remettre en état.

On sait comment se font les cartes d'invitation pour bals et soirées.

Du moment qu'il y a envoi de ce genre, c'est l'indication qu'on sera en cérémonie. Si les mots *on dansera* sont, soit imprimés, soit ajoutés à la main en bas de la carte, il s'agit d'un *vrai bal*. La toilette sera donc en conséquence.

C'est pourquoi il est d'usage d'envoyer les invitations de bal quinze jours à l'avance afin qu'on ait le temps de se faire habiller. Pour les grandes soirées, musicales ou autres, huit jours suffisent.

Il serait du dernier ridicule d'envoyer des cartes imprimées pour convier à un « thé » sans prétention.

En pareil cas, un mot sur une carte ou un court billet sont seuls de mise.

Je ne veux pas quitter ce sujet sans dire quelques mots du cotillon.

Oserai-je avouer qu'ainsi que beaucoup de mes contemporains, je déplore un peu son invasion dans nos usages ?

En augmentant le luxe et les frais des bals, il en a diminué la fréquence et la gaîté ; il a substitué à la bonne humeur, à la grâce française, la morgue et l'avidité exotiques, il a fait régner l'or là où le plaisir seul devait commander, enfin il fait naître la triste légion des petites mauvaises passions mondaines, l'envie, la jalousie, la bassesse pour les uns, l'orgueil, le dédain, l'égoïsme pour les autres.

Après ce sévère réquisitoire, je me hâte d'ajouter — pour ne pas me brouiller à mort avec mes jeunes lectrices — que je ne fais ici le procès qu'à ces cotillons fastueux, que la vanité des hôtes érige en distribution « d'argent » déguisée sous la forme de bibelots et de bijoux.

En dehors de ces extravagances de mauvais goût, je conviens volontiers qu'un cotillon bien mené est chose amusante et jolie.

La variété des mouvements, les surprises des figures, le va-et-vient des danseurs et danseuses, le chatoiement des brillants objets passés de main en main, l'apparition des ensembles bien groupés, sont une vraie fête pour les yeux des spectateurs bienveillants et l'occasion d'une joyeuse activité pour les jeunes couples.

Quant à la somme à attribuer au cotillon, il faut la calculer assez largement, et la répartir assez ingénieusement pour ne pas tomber dans les objets vulgaires et par trop économiques.

Mieux vaut donner moins et faire un joli choix.

Est-il nécessaire de rappeler que les objets de cotillon forment un trophée élégant dans un des salons — celui d'entrée de préférence? Il doit être très éclairé et mis à l'abri des chances de heurt ou d'incendie.

. . . .

Je n'ai pas à entrer ici dans la mise en train d'une soirée musicale ou théâtrale. Ce sont choses toutes spéciales demandant à être traitées à part et en détail; ce chapitre déjà bien long, verrait ses bornes reculées indéfiniment, si j'entreprenais cette tâche.

Je préfère le terminer par une causerie avec celles de mes jeunes lectrices qui, si elles m'ont suivie jusqu'ici, m'ont déjà peut-être reproché plus d'une fois de hérisser d'épines le plaisir si charmant de se réunir entre amis.

J'espère me faire pardonner en leur disant comment s'organise une... « sauterie », sans trop de frais et sans mesquinerie.

Ce que j'ai dit plus haut à propos des diners s'applique aussi à ces soirées musicales ou littéraires, à ces petits bals, où tout est de second, de troisième, de dixième ordre, local, éclairage, consommations, et, hélas! artistes amateurs ou autres.

Eh! quoi, va-t-on dire, parce qu'on n'est pas assez riche pour offrir à ses invités des galeries remplies d'arbustes et de statues, des cotillons de plusieurs milliers de francs, des artistes à dix ou vingt louis le cachet, faut-il donc se priver et priver ses amis de quelques heures de *plaisir vrai* ?

Je serais désolée qu'on interprétât de cette façon ma pensée maîtresse, qui est celle-ci : Pour mener honnêtement la vie du monde, y trouver et y offrir aux autres une part légitime de satisfactions, il ne faut rien tenter qui soit au-dessus de ses forces.

Que de gens, pour avoir méconnu ce précepte de pur bon sens, rencontrent le ridicule ou la gêne, souvent les deux ensemble !

Mais combien le point de vue change si la prudence et la simplicité sont appelées au conseil...

Papa et maman, dans l'un de ces conciliabules du soir où, quand tout leur jeune monde est endormi, ils aiment à passer en revue les choses de la famille, se consultent sur la grosse question de savoir si on donnera décidément une petite fête pour les quinze ans de Lolotte ou les dix-huit ans de Zézette ou quelque motif aussi respectable. Le chapitre budgétaire « divertissements » sera-t-il assez élastique pour permettre un extra ?... Peut-être... En retranchant par-ci, par-là, sur le théâtre, sur les voyages, sur ceci, sur cela.

Une sauterie est décidée.

On n'invitera pas trois cents personnes, ni deux cents, le salon ne le permettrait pas ; mais il faut compter sur les refus, les deuils, les maladies, et majorer presque au double le nombre des invités. Quant à celui des « danseurs », il devra être aussi étendu que possible. Toute bonne maîtresse de maison sait cela.

Point d'orchestre, les mamans et les tantes se relayeront au piano.

Des fleurs et des plantes vertes, juste assez pour mettre une jolie note gaie, beaucoup de bougies, et — dit papa — surtout point de lésinerie sur l'article rafraîchissements! les jeunes gens qui dansent se fatiguent, ils ont faim et soif et il faut réparer!

Maman promet donc des glaces, du punch, des sirops, du café glacé, des pâtisseries *sérieuses*, babas, brioches, etc. Elle hasarde timidement la proposition de ne point donner de champagne, mais papa fait remarquer que, n'ayant pas beaucoup de monde, on peut s'offrir le luxe de bien traiter ses invités.

Il y aura donc du champagne vers minuit, mais du bon!... parce que papa a l'honneur de sa maison à garder, et qu'il ne veut point voir servir de la piquette chez lui.

Point de cotillon, c'est trop coûteux, le budget s'y oppose absolument, car, pour donner des « petites horreurs », maman ne veut pas en entendre parler.

Seulement, au dernier tour de valse, pour la promenade finale, chaque danseur pourra offrir à sa « dame » un des jolis bouquets que contiendra le panier fleuri.

« Et, conclut-elle, avec deux ou trois cents francs au plus, nous nous tirerons d'affaire; les enfants s'amuseront et... on pourra recommencer à Pâques en matinée. »

Et les « enfants » s'amuseront, et les parents aussi, parce qu'ils ne seront pas harassés par le souci d'une dépense exagérée. Mais... ils n'auront pas fait tenir trois cents personnes dans deux pièces où cinquante auraient peine à évoluer à l'aise, ils n'auront point *donné un bal*, on ne parlera ni de l'orchestre, ni des massifs d'orchidées, ni du brillant cotillon, et ils ne compteront que peu ou pas parmi les *gens qui reçoivent*.

Que leur importe, s'ils ont le plaisir de s'entendre répéter par de jeunes voix toutes vibrantes, par des voix plus mûres toutes reconnaissantes :

« On s'amuse tant chez vous ! »

.   .   .   .

Convier quelqu'un, c'est se charger de son bonheur pendant tout le temps qu'il est sous votre toit (Brillat-Savarin).

CHAPITRE VIII

Les réceptions à la campagne.

C'est un des grands plaisirs de la vie rurale que de recevoir largement ses amis, mais ce n'est pas une sinécure. Si bien installé que soit le logis, si bien organisé que soit le service, par le fait même de la villégiature, les conditions d'hospitalité sont beaucoup plus compliquées qu'à la ville.

Il ne suffit pas en effet d'offrir à ses hôtes un bon déjeuner, une promenade agréable; il faut très souvent les loger en les entourant de tout le bien-être possible, et enfin les distraire et les amuser — si on peut! — tout le long d'une journée et même de plusieurs.

Il y a donc lieu pour la maîtresse de maison à s'occuper : des chambres à donner, des repas petits et grands, des passe-temps à fournir.

Mais, tout d'abord, disons quelques mots des invitations.

Tout le monde sait qu'une invitation *vague* ne compte pas, ou pour ainsi dire pas. Les gens bien élevés ne la prennent que pour ce qu'elle est, une simple démonstration de politesse qui n'engage à rien. Même en lui supposant une entière sincérité, il serait de mauvais goût d'y répondre *ex abrupto*, sans avoir annoncé sa venue par un billet ou un télégramme. De plus, comme à moins d'avoir un « vrai château » il est rare qu'on ait plus d'une ou deux chambres. d'amis disponibles, il faut pouvoir « sérier » ses réceptions.

Il reste donc bien entendu que toute invitation supposant un séjour prolongé au delà d'une journée à la campagne doit être faite pour une date fixe et acceptée de même.

Ceci posé, voyons quel est le rôle de la maîtresse de maison.

Il faut, en premier lieu, traiter avec la cuisinière la question des menus, toujours difficiles à établir à la campagne. Le boucher ne « tue » pas tous les jours, on ne trouve de charcuterie fine qu'en ville, et si la basse-cour ne peut fournir de volailles, ce qui arrive souvent quand on n'a pas une grande exploitation agricole, on est obligé d'en chercher dans les fermes ; — rude tâche ! — On s'efforcera donc d'assurer le ravitaillement de la famille en retenant d'avance les œufs, le beurre, le lait, etc. ; et, si l'on a un potager, on vérifiera ce que le jardinier peut promettre en fait de fruits et de légumes fins pour un certain laps de temps. Il est de bon goût que le premier repas, le repas de bienvenue, soit plus recherché que les suivants ; c'est dire aux nouveaux hôtes : « J'ai plaisir à vous voir et je tue le veau gras pour vous mieux traiter. »

L'installation des chambres à coucher demande beaucoup de soins. Il faut les aérer longuement ; elles ont dû être nettoyées à fond dès l'arrivée de la famille à sa maison des champs et entretenues dans un état de propreté qui ne nécessite qu'un coup de balai, un époussetage. Les lits seront faits et garnis de couvre-pieds piqués en toute saison, car il y a des personnes très frileuses pour leur coucher. Le linge de toilette comprendra des serviettes-éponges et des serviettes en toile œil-de-perdrix, deux par personne; mais je trouve plus hospitalière la coutume d'en mettre une pile de six sur la table de toilette; il ne faut pas exposer ses hôtes au petit ennui de réclamer un supplément de linge à l'occasion d'un accident ou d'une maladresse. Un flacon d'eau de Cologne ou de lavande, un pain de savon dans l'enveloppe de papier fin attestant qu'il est neuf, de l'eau très claire dans le pot à eau et dans le broc, un tapis en linoléum ou une natte; une glace bien placée pour s'y voir, voilà pour le coin destiné aux ablutions; on y ajoute un seau émaillé assorti au broc et un séchoir pour les serviettes.

Dans le bureau ou le secrétaire ou la papeterie posée sur une table, on mettra quelques cahiers de papier à lettres *non chiffré*, des enveloppes assorties, un petit bâton de cire, un crayon, un porte-plumes, des plumes et... de l'encre dans l'encrier, plus une boîte à timbres-poste. Pousser les prévenances jusqu'à la remplir de timbres serait d'une hospitalité plus fastueuse que délicate. Une pelote avec des épingles, un verre d'eau dont le sucrier sera rempli de sucre en morceaux... corrects, un bougeoir élégant, si l'on veut, mais surtout pratique, sa bougie, son éteignoir, un porte-allumettes garni, un porte-montre, complètent les accessoires.

L'hiver ou même la saison fraîche complique les

soins à donner pour assurer le bien-être de ses hôtes. Il faut aux lits converture de laine et édredon en plus de la couverture de coton et du couvre-pieds piqué. Du feu pour le matin et le soir, et même un panier de bois ou un seau de houille (suivant le système de chauffage) pour l'entretenir. Pelles, pincettes, soufflet, irréprochables, pare-étincelles devant la cheminée et une boule d'eau chaude dans les lits.

Si la table à toilette n'a pas d'appareil à eau chaude, le domestique devra monter le matin une bouillote pleine et la poser devant le feu.

Cette question du service des hôtes est sans grande difficulté dans une maison où les serviteurs sont sérieux et bien dressés, mais la maîtresse de maison ne doit pas la négliger.

Que mes lectrices me permettent de leur citer à ce sujet un touchant souvenir personnel. Pendant de longues années, ma bien regrettée amie Mme R. des G., personne d'un mérite et d'une culture d'esprit hors ligne, a reçu tous les étés dans son petit manoir à V... les amis les plus chers, de simples connaissances même, et le souvenir de son hospitalité rayonne encore chez tous ceux qui en ont goûté l'ineffable douceur.

Or, elle était paralysée des jambes, et même la parole lui était difficile. Eh bien, de ce fauteuil au premier étage qu'elle quittait si rarement, elle dirigeait sa maison et prévoyait jusque dans les plus petits détails ce qui pouvait plaire à ses hôtes. Vous trouviez sous la main des livres selon vos goûts, sur la cheminée le portrait-carte de vos enfants, dans les flacons de la toilette ou du verre-d'eau le parfum ou la liqueur préférés, et chez les serviteurs les attentions les plus soutenues.

Je dois convenir qu'ils étaient fidèles et dévoués à leur maîtresse; mais si une femme âgée, infirme, impuissante à se mouvoir, obtenait de tels résultats, à bien plus forte raison une maîtresse de maison entendue et agissante peut-elle y arriver.

Pour peu que la station du chemin de fer soit un peu éloignée du logis, et s'il ne s'agit pas de jeunes gens, pour qui faire la route à pied ou en bicyclette est un plaisir, il faut faire prendre les hôtes attendus à la gare, par sa voiture, si l'on en possède une, par un locatis quelconque, dans le cas contraire.

Autant que possible, un des membres de la famille, au moins, doit toujours être à l'arrivée du train pour souhaiter la bienvenue aux arrivants. S'il y a des jeunes filles, les jeunes filles de la maison iront au-devant d'elles.

Aussitôt arrivés, les hôtes sont conduits près de la maîtresse de maison, qui leur adresse quelques paroles de bon accueil, et leur offre des rafraîchissements, bière, vin blanc, cidre mousseux, et, si l'on veut raffiner et faire plaisir aux dames, ce qu'il faut pour faire un soda : eau de Seltz, sucre en poudre, essence de citron ou sirop de groseilles en été; en hiver, eau chaude et rhum pour les grogs, et en tout temps une assiettée de biscuits anglais fins.

Cette petite cérémonie ne doit pas se prolonger, car souvent, après un voyage, on a besoin de se reposer, de se rafraîchir l'épiderme brûlé par la poussière et le soleil.

On mène donc les hôtes dans leur chambre et on les

y laisse après leur avoir dit l'heure des repas et la signification des coups de cloche.

Assurer à ses hôtes toute liberté, voilà, en six mots, le premier article du code des réceptions à la campagne en cas de séjour d'une certaine durée.

Il ne faut pas, si l'on veut se séparer contents les uns des autres, avoir fait peser sur eux le poids de son ennui et de son désœuvrement.

Il ne faut pas infliger à ses visiteurs dans toute son inexorable rigueur « le tour du propriétaire », leur faire compter ses pêches et leur expliquer « le pince- ment du bourgeon anticipé », à moins que cela ne les intéresse très réellement, ce qui est possible, — tout arrive !

Il ne faut pas non plus que le visiteur, ne sachant que faire de lui, impose à ses hôtes la tâche perpétuelle de distraire son oisiveté, les oblige à jouer au whist toute une après-midi, les force à renoncer à leurs habi- tudes actives s'il a des goûts sédentaires, ou les entraîne à sa suite dans de perpétuelles excursions, s'il aime à déambuler.

En somme, là comme en toutes choses, une sage modération est indispensable au bonheur commun et chacun doit y mettre du sien pour entretenir la bonne harmonie.

« Enfin ! les voilà partis ! ce n'est pas trop tôt ! » Quels sont les maîtres de maison, même parmi les plus hospitaliers, qui n'ont pas, plus d'une fois, pensé ou prononcé cette exclamation après le départ de quelque ménage grincheux, tracassier, maniaque ou seulement écervelé ou indiscret ?

Combien, au contraire, sont plus touchants cet

échange de paroles affectueuses, ces serrements de main énergiques, ces regards mouillés de quelque larme fugitive, ces regrets pour les bons instants passés ensemble, ces promesses pour l'an prochain, ces gros bouquets, ces bourriches gonflées qui emporteront avec eux, pour quelques jours encore, un souvenir matériel du séjour heureux, château ou manoir.

Et, tandis que ceux qui restent rappelleront bien souvent dans les causeries d'hiver les épisodes de ce temps où l'on avait été si contents, ceux qui partent ont fait provision de santé, de gaîté, de forces nouvelles, pour reprendre la tâche quotidienne.

Dans tout ce qui précède, j'ai supposé que l'hospitalité était offerte dans une maison bien installée, bien montée en fait de service et dont les maîtres jouissent de cet honnête revenu qualifié d' « une certaine aisance ».

Ces trois mots font beaucoup pour l'agrément et la facilité des réceptions campagnardes. Là où les chambres d'amis sont toujours prêtes à quelques détails près, le service et la table organisés largement, la tâche est moins lourde pour la maîtresse de maison. Ceci est le fait des personnes qui sont « chez elles », soit que la maison leur appartienne, soit que, louée à bail durable, elle ait été aménagée dans les conditions de confortable nécessaires à un séjour prolongé.

C'est tout différent lorsqu'il s'agit d'une installation temporaire, aux bains de mer, par exemple. En ces petites villas où l'espace a été chichement mesuré, on est souvent les uns sur les autres, le mobilier, juste suffisant, ne permet point d'extras et la somme de fatigue à supporter par la maîtresse de maison est doublée. Il lui faut courir à la ville prochaine pour s'assurer des lits *volants* qu'on ajoute aux chambres de jeunes gens, literie, couvertures, table de toilette, etc.

Aussi est-il plus discret aux invités de se loger à l'hôtel tout simplement. Ils trouvent dans la réunion aux repas de famille tous les plaisirs de l'hospitalité amicale sans imposer de lourdes charges à leurs amis.

Dans les familles où les hommes sont chasseurs, le temps de la chasse, même lorsqu'il ne s'agit pas de grandes réunions cynégétiques, est un peu redouté des maîtresses de maison. Ce n'est pas seulement les messieurs qu'il faut héberger, c'est aussi leurs compagnons à quatre pattes; la soupe des chiens n'est pas bagatelle négligeable! il en faut plus d'une écuelle, et aussi de la paille fraîche pour leur coucher.

Le lever matinal, la « croûte à casser », avec l'accompagnement obligé de café, de cognac, de rhum, mettent le service en branle dès le matin; aussi les soirées prolongées ne sont-elles pas un plaisir pour tout le monde. Les *vrais* chasseurs, qui ont fait kilomètres sur kilomètres de marche dans les terres grasses des champs, le sol inégal des bruyères, l'enchevêtrement des taillis, tombent de fatigue et de sommeil. En pareil cas, une maîtresse de maison vraiment hospitalière ne les oblige pas à faire leur partie dans les petits jeux qui les font bâiller et le whist où ils s'endorment. On garde cette ressource pour les jours où le mauvais temps retient les Nemrods au logis.

Ah! les jours de pluie! Que faire de ses hôtes quand il pleut trois jours de suite? Si la demeure est vaste, avec de grandes pièces, une bibliothèque bien meublée de livres amusants et intéressants, un hall garni de jeux divers :

toupie hollandaise, billard anglais, trictrac, etc., et que les invités soient gens d'esprit et de ressources, on n'est pas encore trop à plaindre, et même la vie sédentaire repose des excursions et des sports de plein air; mais il y a des gens si lourds, si ennuyeux, si apathiques, si vides de cervelle et d'esprit, qu'on ne sait comment les occuper. Le whist, le boston, les patiences, les dominos, les dames, les journaux de modes (il est bon d'en avoir des collections anciennes à la campagne), sont une ressource pour bien des femmes; les ouvrages d'agrément et même le travail pour les pauvres à de petits objets faciles, chaussons, brassières, etc., au crochet ou au tricot, peuvent remplir une heure ou deux; c'est autant de pris sur l'ennemi. Enfin, pour la jeunesse, le délicieux plaisir des charades en costume, des saynètes improvisées, est tout indiqué. Les artistes musiciens ou peintres ne sont point à plaindre : ils portent avec eux une source intarissable de passe-temps des plus agréables pour eux et pour autrui. Ah! les bonnes après-midi qu'on passe ainsi groupés autour du piano pour déchiffrer une partition ou répéter les duos, trios, quatuors, chœurs même, qu'on redira ensuite devant un cercle d'amateurs, ou bien à préparer un salut en musique qui fera l'orgueil et la joie du curé de la paroisse et grossira le produit de la quête pour les pauvres!

On ne pense pas à la pluie qui noie les pelouses, change les routes en torrents, ni à la revanche que l'on comptait prendre sur de terribles adversaires qui vous ont battu au tennis et au croquet... C'est dans une sphère plus élevée que plane l'esprit et que se meut l'imagination.

Ceci m'amène naturellement aux jeux de plein air si utiles, si hygiéniques, si agréables à la campagne.

L'humble ménage ouvrier, si intéressant, qui, à force de travail et de sage économie, a pu se donner le bonheur d'une maisonnette, avec son jardin de vingt mètres carrés dans la banlieue de Paris, y installe une balançoire, un jeu de quilles et un jeu de tonneau. Le châtelain qui offre à ses visiteurs la promenade dans les serres, un lac avec des bateaux, théâtre de salon, billard, lawn-tennis, tir, etc., n'est certes pas plus complètement heureux.

Dans toute bonne maison, à la campagne, il faut réserver dans le jardin un emplacement pour les jeux de plein air, ombragé autant que possible, et avec un sol plan et sablé. S'il y a des enfants, un portique de gymnastique où s'accroche une balançoire est une source de grand plaisir.

Je ne citerai ici que le nom de quelques jeux, les détails à ce sujet sortiraient des limites de cet article : *Lawn-tennis, croquet, jeu de boules, jeu de quilles, jeu de tonneau, tir à l'arc, jeu de fléchette, jeu de volant, de bagues*; il y en a d'autres encore.

La maîtresse de maison doit veiller : 1º à ce que le matériel des jeux soit toujours en bon état; 2º à ce qu'il reste au complet. Jamais on n'arrivera à ce résultat si l'on n'exige pas que tous les soirs les jeux soient rentrés dans une resserre ou une armoire spéciale. Il faut faire compter les boules, les quilles, les cerceaux et maillets du croquet, les raquettes et balles du tennis, etc., c'est un pli à faire prendre. Il suffit, quand il est bien pris, de s'assurer de temps en temps qu'on s'y conforme.

Les réunions priées en « matinée » sont presque toujours jolies et amusantes à la campagne. Tout s'y prête : le charme des jardins et parcs, la joyeuse liberté du plein air, la variété des jeux et des divertissements et aussi l'éclat des toilettes fraiches et gaies pour les jeunes filles et les jeunes gens.

Les fêtes de soir sont essentiellement un plaisir de ville ; les trajets en voiture dans l'obscurité sont toujours désagréables et parfois dangereux. Les chemins vicinaux ne sont point encore éclairés au gaz ni à l'électricité, et, par une nuit sans lune et un ciel couvert, les lanternes ne sont que d'un secours très mince.

Que les invitations soient donc faites pour deux heures de l'après-midi, trois au plus tard, afin qu'on ait le temps de s'ébattre et de danser à loisir.

Je n'entrerai point dans le détail des amusements d'une fête de campagne, cela nous conduirait trop loin et serait d'ailleurs presque inutile, car je suis convaincue que l'imagination de mes jeunes lectrices, aidée, pour beaucoup d'elles, par les leçons d'une agréable expérience, leur fournira en foule des idées aussi ingénieuses que pratiques.

Depuis le simple goûter dont La Fontaine nous donne le menu dans *Philémon et Baucis,*

> Le linge orné de fleurs fut couvert pour tous mets
> D'un peu de lait, des fruits, et des dons de Cérès,

jusqu'à la grande réception du château avec bal champêtre aux lanternes chinoises, feu d'artifice, souper, etc., il y a cent façons de traiter ses invités. Tout dépend de la dépense qu'on peut faire et du train qu'on veut mener.

Pour une simple après-midi de famille et de bon voisinage, un joli goûter servi dehors est bien suffisant. On se sert de tables sans prétention, qu'on rallonge, s'il y a lieu, en les mettant bout à bout; sur la nappe, à bordure de couleur ou frangée, viennent s'aligner les assiettes avec couvert de dessert, des verres à bière et à vin. Le menu comprend des jattes de crème fouettée ou de fromage à la crème *fin*, des gâteaux *solides*, galette, brioche, kugelhoff, plum-cake, gâteau breton, etc., des petites pâtisseries sèches, biscuits genre anglais, grissinis, gauffres flamandes, etc., point de bonbons ni de gâteaux d'entremets, mais des fruits tant qu'on veut... et qu'on peut, surtout des fraises, des cerises, pêches, abricots, prunes, du raisin suivant la saison et toujours en abondance.

Pour boisson, de la bière, du cidre mousseux, du vin blanc, du vin rouge, et, si l'on est un peu en cérémonie, des vins sucrés, frontignan, muscatelle, banyuls, etc.

On peut corser ce menu champêtre en y ajoutant des sandwiches au jambon ou quelqu'un de ces nobles pâtés en terrine dont la réussite est une tradition de famille dans les *bonnes maisons*.

En ce cas le goûter tourne au lunch solide et demande qu'on y fasse entrer des petits pains et des vins rouges, bordeaux ou bourgogne.

Pour les réunions d'enfants, des fruits, de la crème fraîche, des tartines de beurre fin, un gros gâteau et quelques menues friandises, biscuits ou petits fours.

Il est de rigueur d'offrir aux visiteurs, qui souvent ont fait une longue course à pied, des boissons fraîches et des gâteaux ou biscuits; aussi une bonne maîtresse

de maison doit-elle prendre soin de tenir toujours au
courant sa provision en ce genre.

Enfin, et pour terminer, rappelons la part des
humbles : l'enfant qui est venu faire « une petite com-
mission », le facteur altéré par les marches dans la
poussière, le pêcheur qui vient de loin vous apporter
son panier de poisson, doivent trouver à la cuisine la
tartine de beurre qui apaise leur faim, le verre de cidre
ou de bière qui étanche leur soif, et, si c'est en hiver,
le bol de soupe chaude qui réconforte; n'est-ce pas bien
juste que, de tant de satisfactions que donne la vie à la
campagne, on fasse « la part à Dieu »?

Les « parties de campagne », visites en bande joyeuse
à des endroits célèbres, vieux châteaux, ruines, lacs,
points de vue, etc., avec déjeuner ou lunch, sont un des
plus grands plaisirs de l'hospitalité des champs, mais
elles demandent pas mal de préparatifs qui doivent être
tous terminés dès la veille au soir, car très souvent
l'excursion exige un départ matinal. J'en excepte, bien
entendu, les choses qui ne peuvent être faites qu'au
dernier moment, comme les plats d'œufs, le café, etc.

Il y a plusieurs manières de s'arranger pour ces
repas d'aventure. Tout dépend de l'endroit où l'on
pourra les prendre. S'il y a dans le pays, à proximité,
quelque auberge propre et gaie, tenue par une hôtesse
avenante et bien outillée, on n'a besoin d'emporter que
viandes froides, pâtés ou volailles rôties, des gâteaux
et des fruits pour le dessert, puisqu'on trouvera linge
de table, assiettes, verres, etc., et qu'il sera facile de
faire ajouter sur place au menu une soupe au lait, une
omelette et des pommes de terre sautées.

Pour la boisson, on est toujours obligé d'en prendre

une bonne partie à l'auberge, cidre ou vin ordinaire; c'est chose due à l'aubergiste, qui ne se « rattrape » guère que là-dessus; mais il est facile d'emporter quelques bouteilles de sorte plus fine.

Quand il s'agit d'un *repas sur l'herbe*, comme on disait au temps jadis, la chose est infiniment plus compliquée.

Je sais qu'on trouve maintenant tout un matériel de campagne très perfectionné pour ce genre de plaisir. Tente, pliants, paniers de service contenant tout ce qui est nécessaire ou même utile en fait de linge, de vaisselle, d'accessoires de table, etc. ; paniers outillés pour le transport des mets et pouvant contenir sans les endommager les aspics et les chauds-froids les plus savants; mais descendons de ces hauteurs réservées au high-life, et occupons-nous tout simplement de la bonne partie de campagne de famille, moins fastueuse sans doute, mais tout aussi amusante.

Pour peu qu'on aime à les renouveler souvent, ces parties, il y faut aussi un matériel spécial, car il n'est pas d'une sage administration d'exposer aux hasards de la vie nomade l'argenterie, le linge fin, les services de faïence, qui seront dépareillés en cas d'accidents; d'ailleurs ceux-ci sont en général encombrants et lourds, et, quand il faut tout emporter, on se trouve bien de réduire au minimum la dimension des colis.

Supposons que l'excursion aura pour but un site pittoresque, soit au bord de la mer, soit ailleurs, et que la course sera assez longue pour qu'on doive partir vers sept heures et ne rentrer qu'un peu tard dans la soirée. Il y aura donc lieu pour la maîtresse de maison de se préoccuper :

1° Du premier déjeuner ;

2° Du second ;

3° D'un goûter vers cinq ou six heures ;

4° De ces petites *grignoteries* qu'enfants, jeunes gens et même grandes personnes aiment à trouver pour soutenir les forces un peu ébranlées par le lever matinal.

Pour le premier déjeuner, il faut que la cuisinière se lève avant le jour si l'on veut avoir thé, café, chocolat ; mais très souvent, en pareil cas, on simplifie pour ne pas éterniser le service et retarder le départ et on se contente d'une tasse de café, d'un bol de lait ou de bouillon. Le tout très chaud ; il n'est pas prudent de se mettre en voiture après avoir pris du lait frais, par exemple.

Pour le second déjeuner, sont à recommander les omelettes froides, les œufs durs, les boîtes de sardines, les volailles rôties, les pâtés en terrine ou en croûte, le veau ou le bœuf en gelée, enfin la charcuterie fine, mortadelle, saucissons divers, jambons, jambonneau, etc. Le choix est large.

Pour le dessert, des gâteaux solides : plumcakes, quatre-quarts, gâteau breton, etc., des fruits, qu'il faut toujours emporter, car c'est une illusion des citadins que de croire qu'on trouve des fruits de table à la campagne. Sauf dans quelques provinces où la douceur du climat et les coutumes héréditaires poussent les habitants à cultiver les arbres à fruits, l'insouciance des paysans sous ce rapport est chose lamentable, et le sol français pourrait fournir à l'étranger, en fruits de table, trois fois plus qu'il ne fait. Combien j'admire ce pasteur suisse (j'ai oublié son nom) qui, pendant la saison, avait toujours quelques greffons en poche, et, lorsqu'il voyait dans les bois un sauvageon de belle venue, le greffait incontinent. « Quelque voyageur passant par ici plus tard sera bien heureux de se rafraîchir avec un bon fruit », disait-il.

Mais revenons à notre affaire. Il faut donc emporter ses fruits; je recommande de prendre la très légère peine d'envelopper les pêches, les abricots, dans des feuilles de vigne et dans du papier; sans cette précaution ils arriveraient en pitoyable état et meurtris par les secousses du voyage.

Pour les fraises, mes lectrices me sauront gré de leur indiquer le moyen d'en faire un dessert délicieux; on les épluche et on les met dans un récipient de porcelaine ou de cristal, tel qu'un légumier, par exemple; on les sucre abondamment, on y ajoute du rhum ou du kirsch, on met le couvercle, qu'il faut assujettir avec une ficelle, puis on a soin de placer le tout d'aplomb dans la caisse ou le panier à provisions, car le jus qui s'en dégage pourrait couler et faire des malheurs.

Pour le goûter du soir, les restes, qu'on a dû correctement dresser, peuvent servir à faire des pains fourrés très appréciés. Enfin, pour les « en-cas », on aura réservé un panier pas trop grand et qui contiendra des fruits et des gâteaux, brioches, madeleines, soit en tranches, soit entiers. Les envelopper dans du papier ne suffit pas, car à l'usage ce papier se graisse, se déchire, et les pâtisseries ne sont plus protégées. En garnissant la corbeille d'une petite serviette, on évite ce grave inconvénient.

Il faut calculer largement pour le pain et en emporter de deux sortes : du pain ordinaire qui servira aux gros mangeurs et au cocher, et des petits pains, *ad libitum*, mais toujours en prévision de deux bons repas au moins! car on ne sait pas si un accident ou un malen-tendu ne vous retiendra pas beaucoup plus longtemps en route qu'on n'y comptait. Les bouteilles de vin ou autres seront munies de leurs coiffes de paille, et parmi elles une bouteille de *bon café noir en bouteille*, sans chicorée.

A emporter, dans des boîtes de fer-blanc, du sucre en morceaux et du sel, et, si l'on veut, dans un petit pot de grès, le beurre bien frais, couvert d'un linge mouillé en plusieurs doubles et ficelé autour du pot.

La caisse de vaisselle, qui sera faite la veille, con-tiendra : des assiettes, une par personne et six en plus, des verres, des couteaux et fourchettes, des cuillers, grandes et petites, en ruolz, ou mieux en métal anglais beaucoup plus léger, enfin un tire-bouchon; le tout enveloppé largement de papier. Pour le linge, il ne faut pas d'économie mal entendue, une serviette pour chaque personne, une petite nappe, trois serviettes d'office et six torchons, car il faut pouvoir essuyer la vaisselle plus d'une fois, puisque l'on n'a pas de quoi la changer. Enfin, il est indispensable d'emporter un bassin de fer-blanc ou d'émaillé et un petit broc qui puisse servir à puiser de l'eau. Il est presque partout facile de trouver sous l'ombrage, auprès de quelque source fraîche et limpide ou d'un petit torrent jaseur, un bon emplacement pour y installer le couvert, mais au bord de la mer l'eau douce est chose rare. Si l'on doit déjeuner sur la grève ou dans les rochers, on devra faire sa provision d'eau au village le plus proche. Je recommande à mes jeunes lectrices chargées du déballage de mettre de côté, à mesure qu'on les enlève, tous les papiers qui ont servi pour le premier transport et seront nécessaires pour le second ; on les réunit dans un des paniers.

Les viandes rôties ont dû être entourées : 1° de grandes feuilles de vigne ; 2° de papier ; 3° d'un torchon épais plié en double. Faute de ces soins, le jus et la graisse s'insinuent traîtreusement un peu partout. Les pâtisseries seront aussi mises dans plusieurs papiers. Pour les grands gâteaux plats, si l'on veut qu'ils conservent bonne apparence pour figurer sur la table, il sera prudent de les laisser sur leur plateau de cuisson.

Enfin, comme dernier conseil, j'engagerai les personnes qui ont la passion — je la comprends et je la partage, oh ! combien ! — de garnir les mets et le couvert de verdures et de fleurs, à se montrer très prudentes. Il y a dans les prairies beaucoup d'espèces de plantes si vénéneuses qu'un peu de leur suc suffit pour causer de graves accidents. Je citerai entre autres cet exemple que tout le monde connaît : la grande ciguë, dont les feuilles ressemblent tant à celles du persil.

Il est d'usage de nourrir le ou les cochers, et, comme ils ont bon appétit, il est à propos de prendre pour eux de la viande froide ou de la charcuterie moins fine que pour les maîtres. On leur donne aussi ceux des restes qui ne valent pas la peine d'être emportés pour le lunch, et on y ajoute un verre ou une bouteille de vin suivant les cas. Ces petites largesses profitent à tout le monde, « au bourgeois » tout le premier, parce qu'il se fait ainsi la réputation « d'être du bon monde qu'on aime bien servir ».

Un dernier mot : il peut au cours d'une excursion longue et mouvementée se produire plus d'un accident grand ou petit, chute, contusions, piqûres venimeuses, syncopes, etc. Il est donc non seulement prudent, mais nécessaire, d'emporter toute une pharmacie de campagne.

Elle devra comprendre :

Un petit flacon d'un spiritueux énergique, élixir de chartreuse, alcool de menthe ou eau de mélisse des Carmes ;

Un petit flacon de sirop d'éther ;

Un petit flacon d'arnica ou de thymol ;

Un petit flacon d'acide phénique concentré; celui-ci contenu dans un étui, car son odeur se répand avec une facilité déplorable ;

Quelques sinapismes Rigollot ;

Une ou deux bandes très longues, roulées serrées ;

Une petite provision de charpie, ou mieux de ouate hydrophile dans un carton ou un sac ;

De l'amadou ;

Du collodion en feuilles ;

Un grain d'émétique ;

Un morceau de flanelle pour frictions.

Enfin, dans le *sac*, le sac par excellence, qu'emporte la mère de famille et qui la suit partout :

Un bon couteau de poche ;

Une trousse bien garnie de mercerie ;

Fil blanc et noir, aiguilles, épingles, ciseaux, passe-lacets, boutons, agrafes, tresse de coton, ruban de fil, etc. ;

Une boîte d'allumettes-bougies, ou tout simplement d'allumettes suédoises ;

Un peloton de ficelle ;

Un gobelet d'argent ;

Un *coco* ou un verre dans son étui;

Un carnet avec un crayon;

Une petite brosse;

Un flacon de sels;

Un étui de fer-blanc (les boîtes de cacao sont parfaites pour cet usage) qui contiendra quelques morceaux de sucre et une toute petite fiole de rhum;

Trois vieux mouchoirs;

Enfin une bougie, car un accident de voiture peut arriver et vous retenir la nuit dans un endroit désert.

« A quoi bon tant d'embarras, diront les gens simplistes, pour parer à des événements qui ne se produiront sans doute pas? »

A cela je réponds qu'ils peuvent se produire et que la question « d'embarras » n'en est pas une, car le *sac* et la boîte à pharmacie une fois faits resteront tels indéfiniment. Les prendre et y jeter un coup d'œil pour s'assurer qu'ils sont au complet n'est pas une affaire, et rien n'est de trop pour une femme de cœur quand il s'agit de bien remplir ce rôle de Providence visible qui lui a été dévolu ici-bas.

CHAPITRE IX

Budget et comptabilité.

Le sujet que j'entreprends de traiter est, on ne peut
le nier, hérissé de difficultés, et cependant, il me paraît
si important pour le bien-être, l'honneur même de la
famille, qu'il doit nécessairement trouver place dans
une série d'articles destinés aux jeunes maîtresses de
maison, ou à celles qui le seront bientôt.

Avant de m'y engager, je préviens mes lectrices que
je ne leur donnerai point de *chiffres*. Je n'entends jeter
aucun blâme sur la méthode contraire. Je conviens que
les articles bourrés de minutieuses énumérations que je
lis ici ou là sont faits très consciencieusement, de la
meilleure foi du monde, avec le plus grand désir d'être
sérieusement utiles, mais ils ont, selon moi, le grand
tort de n'être nullement pratiques. Il y a tant de diversité dans les conditions de fortune, de position, de
résidence! Un type général ne s'adapte jamais à toutes
les situations, pas même au plus grand nombre, et restera dans le domaine des utopies.

Qu'en résulte-t-il? C'est que l'essai, trop souvent,

décourage à fond les bonnes volontés. On a voulu faire ce qu'indiquait le livre ou le journal, on n'a pas réussi pour cent mille raisons; on désespère d'y arriver; selon le vieux proverbe, *on jette le manche après la cognée*, et on laisse tout aller, sans essayer de réagir.

Qu'on ne s'attende donc point à trouver ici des colonnes savamment alignées où figurent par mois, tant pour le loyer, tant pour la nourriture, tant pour ceci, tant pour cela, tant pour cette autre chose. Nous prendrons de haut les grandes lignes du budget, et nous chercherons surtout comment il peut s'équilibrer et soutenir son équilibre en général, quels que soient le revenu et les besoins.

Le revenu et les besoins! Voilà, qu'il s'agisse du jeune ménage ouvrier ou du plus puissant empire, les deux termes entre lesquels la question budgétaire est tout entière comprise.

Il faut proportionner son revenu à ses besoins, ou ses besoins à son revenu, redoutable dilemme en face duquel se trouve tout être civilisé qui veut vivre libre et honoré.

Or le premier point est le plus souvent hors de notre atteinte, c'est donc sur le second que doit se concentrer toute notre attention et toute notre activité pratique.

*
* *

Voici un jeune couple, de retour après le plus heureux voyage de noces. Je le suppose dans une condition moyenne, possédant par la dot de la femme et le travail du mari une petite aisance suffisante à des goûts modestes, et néanmoins habitué aux raffinements d'une vie correcte et d'un milieu de bonne éducation.

J'ai dit : une *petite aisance*, et voici pourquoi.

A moins qu'il ne s'agisse de ces grosses fortunes sur lesquelles les brèches marquent à peine, les parents ne peuvent donner à leur fille qu'une dot dont le revenu est presque minime comparé à celui qui fait vivre la famille réunie. Si généreux que soit le père, il peut avoir d'autres filles à doter, des garçons à établir, une industrie ou des affaires qui l'obligent à garder des fonds disponibles, une position officielle qui le force à de lourds sacrifices.

La nouvelle mariée ne peut s'attendre à vivre largement et un peu mollement comme elle le faisait chez sa mère. Elle ne sera point servie par plusieurs domestiques, sa table sera moins abondante, et elle aura beaucoup moins de temps à donner aux beaux-arts (?), à la toilette, aux visites chez les amies, aux papotages, flâneries et gentillesses du même genre.

Je me hâte de le dire, je ne la trouve nullement à plaindre en ceci.

Pour une femme sérieuse, intelligente et dévouée, — une vraie femme enfin — la joie de fonder une famille, de se créer un intérieur, de rendre heureux le cher compagnon de sa vie, est si grande, si pure, qu'elle emporte tout et que les privations ne se sentent pas.

Mais, pour en revenir au sujet qui nous occupe, ce jeune ménage qui débâcle ses malles ne doit pas se faire d'illusion sur ce point-ci, c'est qu'il ne peut calculer ses dépenses et les ordonner sur le pied qu'il a connu jusqu'alors. C'est une nouvelle existence qui commence pour Elle comme pour Lui : car si Elle a joui, sans trop se demander comment cela se faisait, du bien-être de la maison paternelle, Lui, s'il a eu de bonne heure une jolie position et toujours une bonne conduite, a pu, comme garçon, vivre de façon aisée et presque large.

Ils n'ont donc ni l'un ni l'autre l'expérience des bourses trop légères, des fins de mois tardives à venir, oh! combien! des déficits imprévus, des notes où l'addition s'allonge en terrifiantes colonnes!

Ils feront des écoles, je n'en doute pas! Plus d'une fois Monsieur trouvera le dîner un peu court et le compte de la couturière un peu long; Madame, les larmes aux yeux, gémira sur un livre ou un bibelot auquel Monsieur n'a pas su résister. Mais, s'ils sont tous deux honnêtes et vaillants, ils se tireront d'affaire avec le temps.

La première chose à faire pour eux est d'établir le budget en recettes et dépenses. Le côté Recette est évidemment le premier à régler, puisque avant de décider les dépenses que l'on fera, il est indispensable de se rendre compte de ce qu'on aura à dépenser.

On ne saurait trop insister sur ce point que, dans l'évaluation du revenu, il faut être non seulement exact, mais sévère. Les « à peu près » ne doivent pas figurer en ligne de compte.

Dire : nous aurons 7 540 francs de revenu environ, mettons 8 000 en chiffres ronds, est une grosse imprudence. Si vous avez la passion du « chiffre rond », mettez 7 000, jeune ménage, et arrangez-vous en conséquence, les 540 ne seront pas de trop pour couvrir les imprévus, les pertes; et d'ailleurs êtes-vous si sûrs que cela de leur pérennité? Les diminutions de traitement

si le mari est fonctionnaire, les aléas de métier s'il
exerce une profession libérale, les chances du commerce et de l'industrie, vous réservent de désagréables
surprises.

Sous bénéfice de cette observation, vous établirez
donc ainsi qu'il suit votre budget de recettes :

<pre>
Appointements de Monsieur............... *tant.*
Revenus de ses biens................ .. *tant.*
   —   de la dot de Madame.......... *tant.*
</pre>

Ajoutez comme mémoire, si vous voulez, que la
somme divisée par douze, par cinquante-deux, par trois
cent soixante-cinq, donnera tant à dépenser par mois,
par semaine, par jour, mais ce petit calcul, un peu
puéril, n'aboutit en réalité à aucune conséquence pratique, car, pour peu qu'on soit au-dessus des classes
ouvrières ou petites bourgeoises, on ne vit point *au
jour le jour*, et il y a beaucoup de dépenses qui se font
par sommes d'une certaine importance et ne sauraient
entrer dans un compte quotidien.

J'ai supposé, dans ce qui précède, qu'il s'agissait
d'un ménage de fonctionnaire ou d'employé dont les
revenus sont à peu près fixes; s'il s'agit d'un avocat,
d'un médecin, d'un artiste, d'un industriel, en un mot
d'un chef de famille dont les ressources annuelles sont
essentiellement et inévitablement variables, il faut
prendre comme base de revenu celui des dernières
années, trois ou cinq par exemple, laisser une marge
assez large à l'évaluation en moins, car il est sage de
faire la part des aléas de la clientèle, de la mode, de la
santé, des crises commerciales, et établir son budget
comme j'ai dit plus haut. Si, par exemple, le jeune

avocat ou le jeune médecin a gagné en moyenne de six
à huit mille francs pendant les dernières années, tablez
sur sept au plus! Si les gains se trouvent plus forts,
ils seront les bienvenus, on mettra de côté pour les
années mauvaises et la dot des enfants, et l'on pourra
s'accorder un petit plaisir, achat d'un meuble désiré ou
voyage, pas bien loin.

Ce n'est qu'après une série un peu longue, et soutenue sans défaillance, d'années prospères, qu'on peut,
sans manquer à la prudence, modifier son train de
maison s'il y a lieu et l'établir sur une plus large base
de revenu.

Voici maintenant un genre d'existence où l'établis-
sement solide d'un budget exige de la part de la maîtresse de maison une grande fermeté et beaucoup de
capacité et d'expérience, c'est le budget rural. Les
revenus sont on ne peut plus variables, les dépenses
sont comme les revenus. Il y a des années où, même
sans catastrophes ou mauvaises récoltes, par le seul
fait du mouvement de la vie, s'imposent de lourds
sacrifices. C'est un mur, un toit qu'il faut refaire, un
vieux cheval qu'il faut remplacer, du matériel agricole
usé ou détérioré qui réclame réfection ou rachat. La
somme de ces frais entre pour une forte proportion
dans le budget du propriétaire de campagne; — plus
il est riche en biens-fonds, plus il y a d'espace appelant
les brèches, de fermiers qui ne paient que peu ou mal,
de gardes qui laissent piller les bois, de clôtures à tenir
en état, etc. Si la nature des revenus est variable quant
à la quotité, elle est de plus variée quant à l'espèce, de
sorte que leur évaluation est presque impraticable.

Il y a pourtant, j'en ai connu, des châtelaines si

entendues, si ordonnées, qu'elles tiennent leurs livres avec l'exactitude d'un comptable de profession.

Les douzaines d'œufs, les volailles, les kilo. de beurre, les fromages apportés en redevances ou fournis par la maison rustique, y figurent sans un oubli, sans une erreur; l'évaluation du bois pour le chauffage, du vin et du cidre pour la boisson, de la paille et du fourrage pour les chevaux, basée sur les mercuriales, permet de se rendre compte, à peu de chose près, des ressources du domaine et de balancer dépenses et recettes.

J'admire profondément, je l'avoue, ces femmes vaillantes qui, au prix d'un rude labeur et de soucis incessants, assurent le bien-être à leur famille, à tout un peuple de serviteurs, et maintiennent, augmentent même la prospérité de la maison.

Cette admiration va surtout à celles qui savent allier, chose rare et touchante, la fermeté, l'économie, la prudence, à l'indulgence envers les humbles, à la charité envers les pauvres et les petits.

Le revenu probable étant une fois fixé comme je viens de le dire, notre jeune ménage va s'occuper des dépenses. Il en a déjà parlé plusieurs fois, et, sous l'abat-jour rose du salon de « maman », dressé un joli petit budget. Il y entrait de charmants voyages, un délicieux petit appartement, des fleurs, des palmiers phœnix ou autres, des *amours* de bibelot et, dans le fumoir de Monsieur, des draperies pur Orient, et, pour faire face à tout ce luxe, des rouleaux d'or s'alignant en colonnades.

Non, pas ce chatoyant budget-là, un autre, presque rébarbatif. Loyer, impôts, pain, viande, vin, chauffage, éclairage, etc. Mots sévères, gros de soucis pour la jeune maitresse de maison à son début!

Envisageons-les bravement, et tout d'abord admettons ceci, c'est que, pour les six premiers mois, je dirais presque pour la première année, ce budget ne peut s'établir que de façon provisoire. On consulte les parents, les amis déjà un peu plus avancés dans la vie de ménage et dont la régularité, l'ordre, le sérieux, peuvent inspirer confiance, et, sur les bases ainsi obtenues, on dresse ce petit tableau :

1° Loyer, impôts, assurances................				000
2° Nourriture............	boucher...	00		
	boulanger.	00		
	épicier....	00		000
	marché...	00		
	divers.....	00		
3' Boisson............................				000
4° Éclairage, chauffage..				000
5° Entretien du mobilier..................				000
6° Toilette de Monsieur..................				000
7° — Madame..................				000
8° Gages et service.........				000
9° Santé (pharmacien, médecin)............				000
10° Abonnements, livres, etc...............				000
11° A ajouter s'il y a lieu : frais professionnels.				000
12° Chevaux et voitures...................				000
13° Charité............................				000
14° Imprévu et divers...................				000
15° Économies.........................				000

Nous allons reprendre un à un ces divers chapitres sur lesquels il y a nombre d'observations à présenter.

Le loyer. — Une tradition économique, peu justifiée selon moi, veut qu'on affecte à son logement le dixième de son revenu. En thèse générale, très générale, cela peut s'admettre, mais combien la pratique vient souvent à l'encontre de ce précepte! Il y a des villes de province où, pour une raison ou une autre, on ne peut se loger sans arriver à un taux désespérant ou alors sans s'imposer, de ce chef, des privations d'autant plus pénibles qu'elles portent sur le bien-être de toute la famille, sur la santé peut être; presque partout maintenant, la proportion du dixième est insuffisante.

Les nécessités professionnelles pèsent d'un poids fort lourd parfois dans la balance. Un avocat, un notaire, un avoué, un médecin, sont forcés d'avoir non seulement un cabinet convenable, mais encore salle d'attente, local pour les clercs, le secrétaire, etc. Aux percepteurs de ville, receveurs des finances, receveurs d'enregistrement, conservateurs des hypothèques, il faut des bureaux avec entrée indépendante autant que possible et toujours couloir ou vestibule d'attente. Soit qu'on les prenne sur la part du logis réservée à la famille, soit qu'on s'installe dans un bâtiment spécial, tout cela augmente considérablement le prix du loyer. En revanche, si le chef de famille est employé dans un ministère, dans une banque où il a son bureau, la somme à consacrer au loyer est bien diminuée.

La question du quartier est aussi à faire entrer en ligne de compte. Le choix n'est pas toujours libre, la situation sociale, les nécessités de profession, peuvent imposer tel ou tel point d'une grande ville où les appartements sont beaucoup plus chers que dans tel autre.

Enfin, la vie avec des parents âgés qu'il faut installer de façon confortable et hygiénique, ou de jeunes enfants pour lesquels un endroit paisible et aéré est indispensable, influent encore sur la quotité qu'il convient d'attribuer à ce chapitre du budget.

Je pourrais citer bien d'autres exemples, mais je résume en disant qu'il faut tâcher d'osciller entre *un* et *deux* dixièmes du revenu, sans jamais aller plus loin.

Au loyer se rattachent :

1° Les impôts ;

2° L'assurance contre l'incendie ;

3° Les divers frais que l'on a à supporter dans les locations de ville : eau, tapis, gaz, etc., et aussi les frais d'entretien, notes du vitrier, du plombier, etc., ceux-ci à prévoir en bloc.

Nourriture et boisson. — C'est le gros morceau du budget ; d'abord parce qu'il constitue une série incessante de dépenses renouvelées chaque jour, et aussi parce que c'est là que le gaspillage, le « coulage » pour employer le terme usité, si expressif, s'exerce le plus aisément et le plus coûteusement. L'expérience seule peut aider la jeune maîtresse de maison à fixer à peu près la somme qu'il convient d'attribuer à ce chapitre. Cette somme varie d'ailleurs non seulement d'après l'importance de la famille, mais aussi d'après la profession de son chef. Chez un employé, un militaire, un professeur, un artiste, il n'y a pas lieu de tenir « table ouverte » ; chez les commerçants, notaires, avoués, hommes d'affaires en général, il y a au contraire à héberger très souvent des hôtes de passage, ce qui nécessite des dépenses continuelles et même un train de vie plus soutenu, une cave mieux montée, etc. Ceci rentre dans les frais professionnels.

Dans tous les cas, quelle que soit la proportion à attribuer au chapitre qui nous occupe, il faut, après expérience faite, tâcher de la définir nettement au moins dans ses grandes lignes.

Les livres du boucher, du boulanger, de l'épicier, réglés au mois, les comptes de la laitière, du marché, les notes du fournisseur de vins, donneront une base suffisante pour établir le *quantum* de la dépense par semaine, par mois, par an. Le chiffre de prévision devra dépasser d'une centaine de francs au moins le chiffre réel, si l'on ne veut pas avoir de surprises trop désagréables.

Quant au surplus amené par une hospitalité imprévue et prolongée, par des extras dans les fêtes de famille ou, ce qui est moins gai, par la maladie, les larcins, les accidents, il peut être classé sous la rubrique : *divers*, un peu grossie à cet effet.

La somme à attribuer à la nourriture doit être calculée sans exagération, mais aussi sans lésinerie. Il faut que le mari qui travaille, les enfants qui grandissent, les serviteurs qui se fatiguent, puissent accroître ou réparer leurs forces. Les économies en ce cas sont mal, très mal entendues, si elles portent sur ce qui fait le fond de l'alimentation comme *qualité* et *quantité*. Je souligne ces deux mots pour appeler sur eux l'attention de mes lectrices, car ils sont forts à considérer. Pour se bien porter et pouvoir bien travailler, une bonne nourriture est indispensable, de bonne viande, de bon pain, de bon lait, des œufs, des légumes, du sucre, du café. Économisez tant que vous voudrez sur les truffes, les primeurs, les pâtisseries, les bonbons, les liqueurs, etc. (sauf quand l'hospitalité vous fait un devoir de les offrir à vos invités), mais dans la vie de tous les jours, ces recherches gourmandes sont plus qu'inutiles, elles sont nuisibles.

Calculez largement, sans gaspillage, pour les besoins de la table familiale.

Je me suis laissé dire qu'il y a des femmes dont les goûts dispendieux en fait de toilette et de plaisir se compensent par une parcimonie étrange en ce qui concerne le bien-être intérieur. Peu de linge, point de feu, peu de mets sur la table des maîtres, à peu près rien sur celle des serviteurs.

Ai-je besoin d'insister sur l'odieux de telles pratiques? Sacrifier la santé des êtres qui dépendent de vous à des satisfactions de l'ordre le plus mesquin est le fait d'un cœur sec, d'un esprit étroit, d'un caractère dont la bassesse révolte les âmes honnêtes.

Ce n'est pas toujours la sotte vanité de promener pendant quelques heures un panache inédit ou des falbalas extravagants qui poussent les femmes à un excès d'économie. Une pensée plus louable peut les diriger, celle « de mettre de côté » pour la dot des enfants ou pour se créer un avenir aisé. L'intention est bonne assurément, mais, comme du mal il ne peut jamais sortir aucun bien réel et durable, il arrive que les efforts faits ont un résultat tout à fait opposé à celui qu'on attendait. La santé de la famille s'altère, les notes du pharmacien et du médecin grossissent de ce qu'on a enlevé sur celles du boucher et du boulanger; les domestiques, mal nourris, ont un mauvais service : ils changent fréquemment, au grand dommage des intérêts de la maison; enfin le mari, mécontent et attristé, fuit son intérieur et, parfois, va chercher ailleurs des distractions coûteuses.

Je le répète donc, pour conclure, attribuons au chapitre « nourriture » une part largement établie.

Éclairage et chauffage. — La somme est facile à évaluer, car en général elle varie peu. Si la profession du mari oblige à un ou plusieurs bureaux dans la maison, elle est fort augmentée, et cette augmentation doit être comptée dans les frais professionnels.

Toilette. — Ah! qu'il y aurait long à dire sur ce chapitre! Il y en a si long que, bravement, je recule, laissant à mes lectrices la tâche de se faire toutes les réflexions, observations, suggestions, que leur inspirera un jugement sain et éclairé. Ces paroles si sages de saint Louis les y aideront : « On se doict parer et armer de telle manière que les prud'hommes du siècle ne puissent dire qu'on en faict trop ni les jeunes gens qu'on n'en faict assez. Chacun doit être vestu suivant son rang et son âge. »

Je me contenterai donc de quelques aperçus en général.

Dans les premières années qui suivent le mariage, le trousseau et la corbeille de la jeune femme ont dû, s'ils ont été bien compris, lui fournir un fond de lingerie et de toilette tel qu'il n'y ait eu à y ajouter que ce que j'appellerai le courant, les vêtements de saison.

La venue des bébés et le temps qui précède exigent une toilette qui ne s'accorde pas avec les fantaisies de la mode.

Il y a aussi la part à faire aux deuils qui peuvent se produire dans les deux familles. En somme, une jeune femme sensée et sérieuse peut, sans renoncer à toute élégance, ne pas dépenser grand'chose pour sa toilette pendant un laps de temps assez long (à moins qu'elle ne mène une vie très mondaine, mais j'ai déjà dit à bien des reprises que je ne m'occupais ici que des vies *moyennes*).

Au bout de quelques années, les choses ont changé, souvent la position du mari s'est accrue et demande plus de représentation, d'autre part la garde-robe est usée, défraîchie, démodée, il faut la renouveler à fond et grossir le chapitre du budget à l'article : toilette de Madame.

Celui de : toilette des enfants, suit rapidement cet exemple ; chaque année il augmente jusqu'à ce qu'il ait atteint un chiffre définitif qui constitue pour la famille une lourde charge.

Celui de Monsieur reste à peu près de même pendant toute sa vie. Pour les officiers, surtout les officiers de marine, l'entretien des galons, épaulettes, accessoires de toute sorte, fournit un gros chiffre, il faut le prévoir pour n'en être pas trop écrasé à certains moments.

Gages et service. — Sous cette rubrique, il faut comprendre non seulement les gages des domestiques, mais encore le total approximatif des journées d'ouvriers et ouvrières.

Au chapitre du service se rattachent certaines étrennes ; elles sont si nombreuses et si variées qu'il est sage de les prévoir même en détail, cela sert de memorandum pour l'année suivante.

Tant aux domestiques, au concierge, au facteur, etc. Celles de mes lectrices qui habitent les villes savent si les etc. sont multipliés sous toutes les formes !

Entretien du mobilier. — C'est un chapitre toujours un peu chargé, même quand la fantaisie ne vient en aucune façon le compliquer, parce que, si les jeunes ménages n'ont point de dépenses obligatoires de réfection, de réparation, de remplacement même des vieux meubles, ils ont, par le fait de la famille qui augmente, à acheter de la literie, des chaises, tables, etc., et même en se montrant très raisonnable, en n'achetant que le nécessaire, la somme à débourser est toujours de quelque importance.

Médecine et pharmacie. — Il y a des intérieurs où la manie des drogues perfectionnées, des consultations médicales, sévit si furieusement que ce chapitre est l'un des mieux dotés du budget familial, au grand détriment de la santé générale, d'ailleurs!

En le réduisant à des proportions raisonnables, on y gagnera sur toute la ligne. Il est d'ailleurs sujet à des hauts et des bas très prononcés. Heureux ceux qui ne connaissent pas les gros chiffres! La moyenne ne peut donc s'établir que très approximativement.

Abonnements, musique, livres, etc. — C'est un de ceux qu'on aimerait à pouvoir largement doter, car tout le monde y trouve son agrément. C'est cependant celui qui supporte le plus aisément les réductions, quand il y a lieu d'en faire.

Plaisirs, voyages, théâtre, etc. — Mêmes observations que ci-dessus; ils ne sont l'un et l'autre à fixer que sur le boni qui restera après toutes les prévisions établies.

Frais professionnels. — Je n'ai point à entrer ici dans le détail de cet article. Il est très inégal selon les conditions. Pour l'employé de ministère ou d'administration, par exemple, il est infime; pour le commerçant, l'industriel, l'homme d'affaires, le détenteur de deniers publics, le médecin, l'artiste, il est presque toujours très lourd à supporter. Les femmes qui tracassent et harcèlent leurs maris sur ce point sont injustes et déraisonnables. En somme, c'est à la source même des revenus de famille qu'elles s'attaquent lorsqu'elles rendent l'exercice de la profession pénible et fatigant. Et puis n'est-ce pas un devoir impérieux que de faciliter la lourde tâche de celui qui travaille pour tous, de prendre sa part du fardeau en s'imposant quelques petites privations de luxe ou de confort?

Dans bien des cas, il faut faire entrer les « chevaux et voitures » dans les frais professionnels.

Charités. — J'ai entendu, au temps jadis, Mgr Le Courtier, prédicateur très disert et moraliste éminent, insister sur la nécessité de faire au budget de la Charité une part tracée d'avance et absolument inviolable. Il disait avec raison que si l'on ne s'impose pas cette loi, si on ne la tient point comme sacrée, l'aumône arrive toujours à sembler trop onéreuse, et bien souvent les meilleures intentions viennent échouer devant une bourse vide, tandis que, le lot des pauvres une fois fait, on sait ce qu'on peut donner et aussi où il faut s'arrêter. En effet, quand on a la charge d'une famille à fonder et à élever, on ne doit pas s'abandonner sans contrôle à toutes les impulsions, même celles qui partent d'un cœur charitable. La simple honnêteté exige qu'on fasse honneur à ses affaires. Donner à tort et à travers et ne pas payer ses fournisseurs, ce n'est plus de la charité, c'est du désordre. Qu'on fasse, si on le peut, la part très large pour les souscriptions aux bonnes œuvres, les secours immédiats aux misères qui vous entourent, mais que cette part se renferme dans des limites proportionnées aux ressources de la famille. Mgr Le Courtier la tarifait au *vingtième*. C'est là un chiffre qu'on ne peut admettre que de façon relative, car il est beaucoup trop élevé pour certaines positions.

Une personne seule, sans enfants ou charges de famille, si elle a 10 000 francs de revenu, peut, sans se gêner, en distraire 500 pour les pauvres, beaucoup plus même si elle mène une vie modeste et retirée, mais dans une famille de quatre personnes par exemple, le père, la mère et deux enfants, réduire un revenu de 10 000 à 9 500 francs, c'est faire une brèche par trop sensible. En revanche, sur 100 000 francs de rente, en donner 5 000, ce n'est pas le fait d'une très grande générosité. Il est vrai que jusqu'à un certain point, en pareil cas, les achats d'œuvres d'art, les dépenses de luxe, en faisant travailler artistes et ouvriers, peuvent être considérées comme acquises à « l'altruisme ».

En somme, il est assez délicat et difficile d'indiquer d'avance la proportion à établir pour le chapitre de la charité. Chacun doit consulter en ceci son cœur... et sa bourse, et faire pour le mieux. Quand on s'est rendu compte de la somme dont on pourra disposer annuellement, il reste à la répartir sous ces trois chefs :

Secours fixes. — Souscriptions à telles ou telles œuvres d'un caractère charitable ou humanitaire, secours de loyers ou de chauffage, etc., pensions ou secours à de vieux serviteurs, etc.

Secours temporaires. — Argent « à la main » pour les quêtes, loteries, accidents, etc.

Cadeaux divers en nature ou en argent aux humbles et aux petits.

Qu'il y ait des « virements » d'un article sur l'autre, que le chapitre soit parfois en déficit, ce n'est là qu'un demi-mal et il est bien excusable! L'essentiel est qu'il ait des bornes et s'y tienne... à peu près;

Divers et imprévu. — Ne pas trop réduire le chiffre qui est celui de l'aléa...

Économies. — ??? Ces points d'interrogation disent éloquemment combien ce dernier point est délicat. Je sais toute la peine qu'il y a à prendre pour résister aux entraînements les plus légitimes, je sais combien il est dur de se refuser une robe ou un meuble dont on a envie ou besoin, combien il est plus dur encore de rappeler à son mari la nécessité de quelque privation grande ou petite; je sais que les occasions de dépenses sont nombreuses, variées, exigeantes, parfois inévitables. Je sais qu'il y a des années où deuils, maladies, changement de résidence, pertes de toute sorte et de toute grandeur, fondent sur vous comme une bande de vautours... mais je sais aussi que, justement pour faire face à ces fâcheuses conjonctures, il est sage de s'être formé une réserve; quand on n'amasse pas, on arrive bien vite à creuser.

Établissons donc notre budget de façon à ce qu'il y ait un excédent de recettes sur les dépenses, et, soit en assurances, soit en achat de valeurs solides et toujours à la caisse d'épargne pour une portion, mettons de côté chaque année une certaine somme.

TENUE DE LA COMPTABILITÉ

Je sais un original qui était fort expéditif en fait de comptabilité.

« Je suis très exact à faire mes comptes, disait-il, seulement je ne m'en occupe qu'une fois par an, le 31 décembre.

— Mais alors, comment pouvez-vous vous rappeler le détail?

— Le détail! à quoi bon? J'écris sur mon carnet : Année 18...

Recettes : appointements et revenus divers.. *tant.*
Dépenses : divers........ .... *tant.*
Reste en caisse........ .... *zéro!*

la balance se fait ainsi toute seule, j'économise les frais de registre et les migraines. »

Je n'engage pas mes lectrices à suivre un si bel exemple. La prospérité de la famille aurait fort à en souffrir, car, quel que soit le chiffre de la fortune, le gouffre de la dette se creuse promptement pour ceux qui ne savent pas ou ne veulent pas compter.

C'est une des obligations les plus strictes pour la maîtresse d'une « maison bien tenue » que d'avoir une comptabilité aussi réglée que faire se peut. Je dis : que faire se peut, parce que je sais qu'en général les maris n'aiment point à rendre compte de leurs dépenses journalières, cela les agace et les irrite, et d'ailleurs, ils n'y sont nullement tenus.

Mais, en dehors de la somme... vague qu'ils s'attribuent, toutes les dépenses de la maison peuvent et doivent être inscrites, d'abord sur le livre-journal, puis sur un livre de relevés où l'on ne porte que les grosses notes et le détail groupés par nature d'achats. Il y a même des comptables si soigneux qu'ils prennent la peine de faire ce travail pour les grandes factures, les décomposant pour attribuer à chaque personne de la famille ou à chaque article du budget ce qui lui revient, on peut ainsi se rendre compte d'un seul coup d'œil de la somme afférente à tel ou tel ordre de dépenses.

Je ne puis qu'admirer, mais je conviens tout bas qu'une mère de famille, une maîtresse de maison dont la vie est partagée entre de très nombreuses occupations, n'a guère le temps de se livrer à ce long et minutieux travail; le relevé sommaire, s'il est bien fait, suffit d'ailleurs pour fournir la plus grande partie des enseignements et bases de comparaison désirables.

Il me paraît tout à fait inutile de donner ici des modèles de *livres de dépenses*, on en trouve à des prix très modérés chez tous les papetiers et dans les grands magasins de nouveautés. Il y en a de fort ingénieusement établis qui permettent de se rendre compte des sommes employées à tel ou tel chapitre du budget par an, par mois, par semaine, par jour même. C'est une bonne habitude à prendre et à conserver que de mettre au courant tous les mois son livre de relevés.

On arrive ainsi au bout de l'année avec la besogne faite.

Est-il besoin d'ajouter que si la balance en fin d'année ne peut s'établir régulièrement, si, selon l'énergique expression populaire, on n'a pu « joindre les deux bouts », il faut courageusement et sincèrement chercher à quoi l'on doit attribuer ce résultat fâcheux, et, pour le budget de l'année suivante, retrancher tout ce qui peut l'être sans inconvénients graves.

J'ai parlé d'ailleurs [1] du règlement des comptes avec les fournisseurs et avec la cuisinière, je n'ai donc point à y revenir.

Il est d'usage que certaines *notes* soient payées par

---

1. *Les Domestiques, l'Approvisionnement.*

les domestiques; ils y trouvent une petite source de profits qu'il serait injuste de leur enlever. Seulement il faut exiger d'eux immédiatement la remise de la quittance ou du livre acquitté, car c'est un des points où l'improbité des serviteurs s'exerce le plus facilement.

Il faut classer toutes les quittances par liasses d'une année et les garder pendant un an, au moins. Au bout de ce temps, il y a prescription et nulle réclamation ne serait valable[1].

J'engage pourtant à conserver, ne fût-ce que pour les placer dans les archives de la famille, certaines pièces ayant une valeur comme souvenir ou renseignement; celles relatives, par exemple, à l'achat d'un beau meuble, d'un bibelot précieux, d'une riche fourrure, d'un livre rare, d'argenterie, de bijoux, etc.

Les quittances de loyer, d'impôt et d'assurance doivent avoir une chemise à part où il soit aisé de les retrouver dès qu'on en a besoin.

Gardez précieusement vos vieux livres de compte si vous avez de l'espace pour les loger. On ne saurait croire l'intérêt que l'on trouve après un long temps écoulé à revivre de la vie d'autrefois. Ah! ces anciens registres de nos parents, comme ils parlent à nos cœurs! Quelle éloquence poignante parfois, dans ces alignements de chiffres, dans les simples rubriques qui les accompagnent! Jours de joie, jours de deuil, jours de travaux, de soucis, de délassement ou d'angoisses amères ont imprimé là leur trace, il s'en dégage d'émouvantes pensées, d'importantes leçons, de fortifiants exemples.

1. Code civil, art. 2272.

C'est un bel héritage d'honneur à laisser à ses enfants que celui d'un livre de comptes irréprochable!

*
* *

« Qui doit « tenir la bourse » dans le ménage ? »

Il n'y a aucun doute à ce sujet : c'est le mari, chef responsable de la communauté, investi par toutes les lois divines et humaines du commandement dans la famille.

Mais, en affirmant carrément son droit et son devoir de garder la haute main sur le budget familial, je conviens que, dans la pratique, il est tout naturel que le soin de payer les dépenses courantes soit réservé à la maîtresse de maison et qu'elle ait sa part, sa grande part d'influence en ce qui concerne la bonne distribution des ressources de la famille.

Cette part, elle l'acquerra et la conservera si, dès le début de sa vie de ménage, elle se montre sensée, intelligente et modérée dans ses besoins, habile dans l'exercice d'une économie bien entendue.

C'est, je le sais, beaucoup demander, trop demander même à une jeune femme qui sort à peine des lisières où l'avait tenue l'autorité maternelle : aussi combien elles doivent s'estimer heureuses et bénir leur mère, les jeunes ménagères qu'une sage et prudente direction a initiées de bonne heure aux difficultés de l'économie domestique! Elles pourront continuer dans leur ménage les habitudes prises chez leurs parents, en les modifiant bien entendu selon les nécessités présentes pour les adapter à une tenue de maison très réduite.

Quelle sécurité donne au mari une telle éducation chez sa femme! quelle autorité celle-ci y gagne! quelle confiance réciproque entre eux!

« Le cœur de son époux se confie à elle, elle ne manque jamais des dépouilles qu'il lui rapporte de ses victoires », dit l'Écriture [1].

Il n'en est pas de même, je regrette de devoir le dire, pour les trois quarts des jeunes mariées. Ignorantes des besoins réels de la vie, elles ne savent comment régler l'emploi de l'argent qui leur est confié. Tant qu'il y a des pièces d'or et des billets de cent francs dans le tiroir du secrétaire, on y puise, pour un petit voyage, pour un objet de toilette, pour une fantaisie, théâtre, concert, excursion, pour une vente de charité, pour une souscription littéraire, et puis... le boucher, le boulanger, l'épicier, présentent leur note, les domestiques réclament leur gages, le terme arrive, et la bourse, lamentablement aplatie, n'a plus rien ou à peu près, à fournir. Monsieur gronde, Madame pleure, on a recours à papa et à maman qui se laissent attendrir, pour la première fois; au second appel, ils font quelques observations, au troisième ils refusent.

Ils ont d'autres enfants, ils ont déjà fait de lourds sacrifices pour la dot et le trousseau de leur fille — ils ne peuvent pas donner de toutes mains, en gros et en détail — il faut apprendre à se suffire avec ce qu'on a... Et quand viendront les bébés? Comment fera-t-on?...

En pareil cas, dans un jeune ménage, uni, intelligent et courageux, on reconnaît ses torts, on s'amende et l'on arrive à joindre les deux bouts, sans recourir

1. Salomon, *Proverbes*. La femme forte.

soit à l'humiliante nécessité de réclamer des subsides, soit au déplorable expédient d'emprunter, soit au ruineux système de « manger son fonds ».

Ces efforts soutenus, ce méritoire labeur sur de nouvelles bases, combien il est à souhaiter pour la paix et la dignité du jeune ménage qu'ils se fassent en commun, dans le même esprit de dévouement au bien de la famille!

Ceci nous ramène à mon point de départ : Qui tiendra la bourse?

Souvent, après des épisodes tels que ceux dont je viens de tracer une esquisse, le mari, mécontent, défiant et un peu sévère, prend le parti de donner à sa femme l'argent par petites sommes : 100 francs à 100 francs par exemple; j'ai même connu un chef de famille qui donnait 50 francs à 50 francs et seulement après avoir vérifié l'emploi de l'argent sur un compte écrit. Ce n'était pas un tyran cependant, mais sa femme, qu'il avait épousée très jeune, n'était pas très intelligente et n'avait pu devenir raisonnable.

Il payait les notes des fournisseurs, les grosses dépenses, etc., et, en somme, était arrivé à son but : ne point faire de dettes et tenir honorablement un rang élevé.

Je ne cite point cependant ce système comme un exemple à suivre, car une femme de valeur ne mérite point une telle rigueur et a le droit de s'en offenser.

Je dis : le *droit* — quant au devoir... hélas! il est de se soumettre, car on ne peut se démettre, et la paix de l'intérieur est le plus grand des biens. Une meilleure combinaison est celle-ci :

Madame reçoit de son mari, tous les mois, une somme de... pour :

Le courant du ménage ;

Les gages des domestiques ;

Les notes des fournisseurs ;

Sa bourse personnelle (toilette et bonnes œuvres).

Lui, paye :

Le loyer, impôts et assurances ;

Le vin ;

Les frais professionnels ;

Le chauffage (bois et charbon) ;

Les voyages ;

Les frais divers, abonnements, livres, etc. ;

Sa toilette.

Si la somme mensuelle est un peu largement calculée, c'est un grand plaisir, un bonheur même pour Madame de trouver, dans ses économies bien entendues, le moyen de faire de petits cadeaux à son entourage et de porter de temps à autre, un ou deux billets à la caisse d'épargne.

Si l'on est en déficit, on en gémit un peu, pas bien longtemps, pour ne pas ennuyer le mari, on cherche de bonne foi et de manière approfondie ce qui a causé ce malheur et on y porte remède avec énergie en retranchant la source du mal.

Il y a des déficits dont la cause est tout éventuelle, vol, accidents, maladies, etc. Ceux-là, il faut les supporter avec courage et résignation comme étant une part de ces misères dont toute vie humaine est passible, hélas ! Ils ne peuvent entrer en ligne de compte et des crédits supplémentaires, généreusement alloués par le maître du logis, viennent y faire face.

Je n'ai point à m'occuper ici du genre d'administration d'une grande fortune; si l'ordre est un devoir de toutes les situations, l'économie n'en est pas un pour les gens très riches.

Entendons-nous... Dépenser largement presque tous ses revenus quand on a établi ses enfants est une quasi-obligation, mais tant que la famille peut s'accroître, tant que des dots sont à fournir aux filles, des carrières aux garçons, il est sage, il est nécessaire même, de prélever sur ses revenus une somme assez importante pour créer un nouveau fonds et l'alimenter.

Souvent la mère de famille décharge de ce soin son mari absorbé par la politique, les affaires ou l'exercice de sa profession.

Elle est alors un vrai ministre des finances, la tenue de sa comptabilité n'est point une sinécure, des fonds en quantité considérable lui passent par les mains, leur emploi pour le bien-être et la bonne renommée de la famille, leur placement dans des conditions fructueuses et prudentes à la fois, sont des tâches peu aisées à remplir. En y mettant tous ses soins et en y appliquant toute sa raison, elle y parvient... heureuse si elle a pu trouver chez son mari un guide sûr, un appui solide!

Dans cette situation, Madame « tient la bourse » en quelque sorte.

C'est le haut de l'échelle; aux premiers échelons en bas, nous trouvons les ménages modestes, si étroitement unis par la plus touchante, la plus entière confiance, que mari et femme ne sont vraiment qu'une âme en deux corps.

Là aussi, Madame « tient la bourse » et Monsieur,

plein d'admiration pour les talents économiques de sa ménagère d'une part, de l'autre pas fâché peut-être de s'éviter des ennuis, se contente de dire : Donne-moi une pièce de cent sous, ou dix ou vingt francs, suivant les cas.

S'il a une fantaisie dépassant la somme que contient son gousset, il dit : « Portez cela à la maison, Madame vous paiera ! » le cœur léger, l'esprit en repos, sans même s'être demandé un instant si « Madame », pour payer, ne sera pas forcée de vider un tiroir qui ne se remplira ni tôt ni aisément.

Non, je le répète encore pour bien le persuader à mes jeunes lectrices, il est indispensable que *la bourse* soit, au moins pour les grandes lignes, tenue par Monsieur.

Il faut qu'il se rende compte du niveau des eaux, des canaux et des... fissures par où elles s'écoulent, et que, le jour où tout est à sec, il n'ait pas de prétexte pour faire retomber toute la faute sur « Madame ».

Toute règle a ses exceptions : il en est de nombreuses pour celle qui nous occupe.

Un savant, un littérateur, un artiste, un médecin, sont si absorbés par la nature de leurs travaux, si en dehors de la vie normale, que leur compagne a le devoir de leur éviter, autant que possible, tous les soucis matériels de la vie.

L'inspiration se débat et succombe au milieu des factures à vérifier, des comptes à établir. Une fatigue cérébrale, une irritation nerveuse, intenses et funestes, naissent de cette ingrate besogne supportée à contre-cœur, ou bien le malheureux chef de famille harassé et découragé lâche les rênes, et le gouffre se creuse peu à peu où le patrimoine de la famille finira par disparaître. Là il faut que Madame « tienne la bourse » et se rende digne de la mission austère qui lui est dévolue.

Ce n'est point en harcelant son mari pour augmenter la production, au grand détriment de la santé, du talent, de la considération de celui-ci, qu'elle sauvegardera les intérêts des siens, mais en se montrant sage, économe et fidèlement gardienne du trésor qui lui est confié.

Certaines professions tiennent le mari longtemps hors de chez lui; tel est le cas pour les marins, les officiers d'infanterie de marine, les inspecteurs des finances, etc.

Il est évident que, dans ces conditions, la femme, sur qui retombe en leur absence toute la charge du gouvernement de la famille, doit avoir le maniement des fonds, au moins en ce qui concerne la dépense du ménage.

Enfin, parlerons-nous de ces tristes intérieurs où le mari, par sa déchéance physique ou morale, est hors d'état de remplir son rôle de chef de la communauté? Là aussi la bourse, autant que faire se peut, est aux mains de la mère de famille. Douloureux privilège! payé par d'amers retours sur ce qui devrait être et n'est pas ou n'est plus!

Pour clore cette longue étude un peu aride, je l'avoue, nous allons parler de ce que j'appellerai, si vous voulez, « le budget... insuffisant ».

Faut-il m'excuser auprès de mes lectrices de les entraîner à ma suite dans des sentiers où il y a plus de pierres et d'épines que de mousses et de fleurs?

Je ne le crois pas. Les pensées graves doivent avoir

leur place chez les femmes, même jeunes et heureuses ; il est bon pour elles de ne point demeurer dans une éternelle enfance.

Si l'adversité les a épargnées, elles l'ont vue plus d'une fois frapper autour d'elles ; elles ont vu aussi des cœurs héroïques lutter courageusement contre les coups du sort, et, souvent, sortir victorieux de la lutte. La mort d'un chef de famille dont les appointements élevés assuraient l'aisance au logis, ou la perte de son emploi, une ruine commerciale ou industrielle, des spéculations malheureuses, changent en quelques semaines l'existence large ou souriante en une vie de travail et de privations. Sans même aller jusque-là, il y a des moments où des événements imprévus, amenant soit une diminution dans les revenus, soit une augmentation dans les dépenses, enlèvent tout espoir d'équilibrer le budget.

Dans la première de ces situations, que puis-je dire d'utile ici ? Rien, hélas ! La nécessité est la plus forte, sa main de fer courbe les volontés les plus récalcitrantes ; un petit logement, un mobilier réduit au strict nécessaire, une nourriture juste suffisante, le service d'une femme de ménage ou d'une bonne à tout faire, voilà ce dont il faut se contenter. Eh bien, là encore, et plus que jamais, dirai-je, il faut établir son budget, calculer minutieusement, scrupuleusement, l'emploi des petites ressources dont on peut disposer et, pour les augmenter, s'adresser au travail, au travail constant, patient, infatigable. Les âmes bien trempées y trouvent d'ailleurs non seulement profit, mais apaisement et même consolation.

Dans le second cas, si l'insuffisance du budget n'est

que temporaire, le mal est moindre, et avec de l'énergie on arrive à l'empêcher de s'étendre, à le réduire même de façon notable.

Se restreindre en tout ce qui n'est pas *nécessaire* et mener une vie laborieuse : voilà les deux grands points.

En consultant avec sincérité les chiffres de son budget annuel, on cherche, de bonne foi, courageusement, les points sur lesquels doivent porter les coupes, coupes claires ou coupes sombres, suivant les cas, et on les trouve. Une fois trouvés, on appelle à soi tout ce qu'on possède de sagesse, de prudence, de force, et on met la main à la cognée.

Sur le loyer... si les conditions de bail et de métier le permettent, on peut retrancher d'autant plus efficacement que cette économie en entraîne beaucoup d'autres qui, réunies, en font une grande. Les impôts sont moins lourds, il faut moins de service, moins d'entretien pour le mobilier, moins de dépenses accessoires coûteuses au point de vue de la location, moins de chauffage, d'éclairage, etc.

Sur la nourriture, on ne peut enlever que les petites satisfactions de gourmandise, car l'alimentation proprement dite ne saurait être sacrifiée sans grand dommage pour la santé, cette santé d'autant plus nécessaire à conserver qu'on est moins riche.

Le chapitre des plaisirs grands ou petits, théâtres, voyages, abonnements coûteux, est un de ceux où les grandes coupes dont je parlais tout à l'heure ont leur place tout indiquée. Je ne vais pas jusqu'à dire qu'il faut tout abattre, mais enfin... momentanément... jusqu'à ce qu'on voie un peu clair dans ses affaires...

Si l'on peut, il faut renoncer carrément au monde, cause sans cesse renaissante de petits frais onéreux : gants, chaussures fines, chapeaux, voitures, et surtout perte de temps! Or le temps a une réelle, une grande valeur budgétaire. Pendant qu'on court les rues pour faire des visites, aller de magasin en magasin chercher des atours à bon marché, des « soldes » et des « occasions », le linge de la maison et de ses habitants ne se raccommode pas tout seul. Il s'use, se détériore rapidement, il faut le remplacer et puiser dans sa bourse.

On ne saurait croire l'économie qu'une femme adroite et judicieuse trouve à faire ses robes, ses cha·peaux, les vêtements de ses enfants, le linge de son mari.

J'ai connu des ménages de fonctionnaires où la mère et les filles trouvaient moyen d'être, non seulement convenables, mais élégantes, admirées pour cette élégance, avec un budget de toilette équivalent pour chacune au prix d'une robe de la bonne faiseuse.

Mais, pour en arriver là, il faut penser, combiner, utiliser le moindre chiffon, tirer l'aiguille et rester... chez soi.

Domum mansit, lanam fecit [1], disait la belle épitaphe d'une femme romaine. Je l'ai admirée bien souvent. Quand on reste chez soi aussi, on surveille mieux ses domestiques, on peut même en diminuer le nombre en se chargeant d'une partie du service. Que de femmes savent demeurer gracieuses, fines, distinguées, qui le matin ont fait leur lit, balayé et épousseté leur

____

1. Elle vécut chez elle et fila de la laine.

chambre, examiné et repassé une pile de linge d'enfant et donné un coup d'œil, un coup de main au déjeuner, pour que « Monsieur » ne s'aperçoive pas des erreurs coutumières à une cuisinière novice!

Elles ne sont pas à plaindre cependant, car la conscience du devoir rempli donne au cœur et à l'esprit une paix qui est presque du bonheur.

Celles que nous plaindrons, ce sont les incapables, les frivoles, les nonchalantes, les timides, les empêtrées, qui, en face du « budget insuffisant », ne savent que geindre, récriminer, se fâcher ou tomber dans un marasme découragé et décourageant.

Ah! les pauvres maris! les pauvres enfants! c'est eux surtout qui ont droit à notre commisération! Imagine-t-on ce qu'il y a de cruel pour un honnête homme, forcé de lutter contre les duretés de l'existence, à ne trouver chez lui ni support, ni tendresse, ni bon sens, ni force d'âme, mais seulement des reproches, des regrets inutiles pour ce qui n'est plus, un parti pris de laisser tout aller à la dérive...

Je ne veux pas laisser mes lectrices sur une si pénible impression; j'aime mieux offrir à leur admiration la courageuse épouse, qui, le soir venu, accueille avec un bon sourire le cher compagnon du *struggle for life*, toujours prête à l'encourager, à le soutenir, à faire luire devant lui l'espoir d'un temps meilleur, à inventer des raisons d'espérer, que peut-être, au fond du cœur, elle n'ose point partager... L'aimable amie qui, pour ne pas laisser s'installer au foyer la tristesse ennemie des efforts vaillants, sait encore, malgré une journée de labeur, ouvrir son piano, appeler à son aide les œuvres des grands maîtres, les divines inspirations qui battent de l'aile autour des fronts fatigués et leur donnent la force de se relever! Ou bien, c'est quelque lecture attrayante, quelque causerie où l'on dit : « Te souviens-tu? » où l'on hasarde un : « Quand nous serons plus riches... », et alors on fait de beaux projets, on pense, non plus seulement au lendemain qui va ramener son lot de travaux et de soucis, mais aussi au surlendemain qui verra disparaître, s'il plaît à Dieu! le budget insuffisant.

CHAPITRE X

L'armoire au linge.

Il y a quelque temps, je lisais dans un journal féminin, — mais pas féministe, — un article où l'on traitait la question qui va nous occuper. On y indiquait comment il faut s'y prendre pour ranger en bon ordre tout le linge de corps, et même le linge de maison ! dans une armoire à glace.

Je fus d'abord, je l'avoue, profondément stupéfiée puis, à la réflexion, je pensai que les armoires à glace étaient sans doute, maintenant, de dimensions grandioses, tandis que, d'autre part, la provision de linge à l'usage d'une famille moderne devait être réduite au strict nécessaire, à ce *nécessaire* très *strict*, dont parlaient nos grand'mères en ces termes un peu gaulois :

« Un chemise au dos, une sur la planche et une à la lessive. »

Je me dis aussi que, par le temps de machines à coudre où nous vivons, rien n'est plus aisé, si la blanchisseuse fait faux bond, que de se précipiter chez le marchand de lingerie le plus voisin, voire même de téléphoner : « Envoyez-moi ceci, cela, et cette autre chose. »

Je supposai encore qu'il ne s'agissait point d'une famille de huit à dix personnes, qu'enfin le linge de « Monsieur », celui de la cuisine et de la domesticité, n'étaient point compris dans le total.

Mais, avec toutes ces concessions, — faire tenir draps, nappes, serviettes, taies d'oreiller, chemises, pantalons, etc., etc., etc., dans une armoire à glace...???

Je me suis souvenue alors — avec plaisir — d'avoir bien des fois constaté à Paris, dans les vestibules, dans les antichambres, la présence de ces belles armoires bretonnes ou normandes, dont les riches tons de chêne ou de noyer réjouissent l'œil. Elles sont vastes, solides, bien aménagées, et, dans leurs flancs spacieux, tout le linge d'un ménage parisien — ou de grande ville — peut tenir sous bonne clé. Les armoires à glace sont alors réservées pour l'usage personnel de Madame.

Celles de mes lectrices qui ont conservé peu ou beau-coup des traditions d'autrefois, celles aussi qui habitent la campagne ou la province me suivront peut-être avec intérêt dans mes explorations à travers cette partie du domaine familial si essentiellement dévolue à la maîtresse d'une « maison bien tenue » : la lingerie.

S'y rattachent le soin de la conservation du linge, des vêtements, fourrures, etc.

Là encore je n'abuserai point, j'userai à peine des recettes spéciales. Ce sont plutôt les principes généraux que je m'efforcerai de dégager et d'établir.

* * *

Avant d'avoir du linge à ranger il faut l'acheter, tout fait, ou le faire confectionner. Jadis, ce dernier point tenait une large place dans la vie des bourgeoises, même les plus aisées. Ecoutez Molière :

> Leurs ménages étaient leurs doctes entretiens
> Et leurs livres : un dé, du fil, et des aiguilles,
> Dont elles travaillaient au trousseau de leurs filles.

Aujourd'hui les travaux féminins ont pris une autre direction. Les femmes que leur fortune met au-dessus de la nécessité d'un travail visant à l'économie occupent leurs loisirs au logis, si elles sont laborieuses, par des ouvrages d'agrément où elles savent mettre beaucoup d'habileté, de goût artistique et même d'imagination créatrice.

Qu'on le prenne tout fait, qu'on le fasse faire chez des spécialistes, couvents, ouvroirs, etc., ou qu'on se décide à le faire coudre chez soi, la loi d'une sage économie s'impose toujours dans les mêmes termes : il faut choisir de *bonne* étoffe, en employer une quantité suffisante pour que les objets confectionnés ne soient ni trop courts ni trop étroits et la travailler avec de *bon* fil.

C'est une absurde économie que d'acheter « de la confection » ou des étoffes à bon marché. La façon est la même que pour des matériaux solides et l'usage est dix fois moindre. Il faut donc renouveler plus souvent et le déboursé s'augmente de façon désastreuse.

Je voudrais faire pénétrer dans l'esprit des jeunes

femmes chargées de la direction d'une famille cette vérité, bien simple et trop méconnue en général :

« Quand on achète à bon marché, on n'en a jamais que pour son argent. »

Le marchand ne peut pas fournir à bon marché, de *bonne marchandise*. Il a dû lui-même, pour se la procurer, y mettre un prix élevé; alors, pourquoi voulez-vous qu'il ne rentre pas dans ses débours, auxquels s'ajoutent les frais généraux, si lourds aujourd'hui pour le commerce?

Je vais au-devant des objections :

Voyez, va-t-on me dire, telle et telle grande maison; elles se contentent d'un petit bénéfice et vendent à prix modéré.

Ces maisons-là, je l'affirme, ne font point de réclame sur les affaires *sérieuses*, qui sont le fait d'une clientèle *sérieuse*, et les prix, quand il s'agit de ces très belles qualités qu'ils appellent *extra*, s'égalisent partout.

Mais, ajoutera-t-on, il y a d'autre part des fournisseurs en vogue qui vendent dix pour cent, cinquante pour cent plus cher qu'ailleurs tel objet qui n'en vaut pas mieux.

Cette majoration dans les prix que l'on trouve surtout à Paris, où se crée la renommée, n'est en somme qu'une prime accordée par l'orgueil du client. On veut pouvoir se vanter d'être fourni par X... ou Z... C'est un luxe : on le paie. « On paie tous les luxes. » Cet axiome économique se vérifie sans cesse et partout.

Remarquez d'ailleurs que les maisons dont on vient de parler ont presque toujours à cœur de justifier leur haute réputation en ne livrant que des produits irréprochables.

Enfin, une dernière objection :

Il y a de *vraies* occasions, des départs, des décès, des faillites, des liquidations...

Assurément, mais, d'une part, il faut s'y connaître très bien pour tirer un profit réel de ces tristes occurrences, de l'autre, elles ne sont jamais qu'une exception, et vous ne pouvez compter qu'il s'en présentera une juste au moment où vous aurez besoin de renouveler votre stock.

Pour résumer ce qui précède, je dirai : Fournissez-vous de linge en quantité raisonnable, en qualité solide et résistante (on peut y arriver même dans les sortes fines) et sacrifiez, s'il y a lieu, du côté des garnitures et fanfreluches pour avoir le *fond* beau et bon.

***

On a tout dit sur l'abus des grandes provisions de linge, sur la place démesurée qu'elles occupent, l'entretien qu'elles exigent, le capital qu'elles immobilisent, etc. Il y a, je ne saurais le nier, un fond de justesse dans ces critiques, surtout en ce qui concerne le linge de corps proprement dit. Ce ne sont pas seulement les modes qui changent, ce sont aussi les tailles. Telle jeune femme, mince et fluette à l'époque de son mariage, sera, dix ans plus tard, une grosse boulotte qui ne pourra plus entrer, sans les faire craquer, dans les jolies fantaisies de son trousseau et sera obligée de renouveler tout son linge personnel, laissant inemployées les douzaines de chemises et de pantalons dont le ruban n'aura pas même été dénoué.

Pour le linge de maison, cet inconvénient n'est pas à redouter. Les reproches d'occuper trop de place et d'être un capital *mort* sont plus justifiés, encore faut-il remarquer qu'ils n'ont vraiment leur raison d'être que pour la vie à la ville, où l'on peut faire blanchir hors de chez soi tous les huit jours, tous les quinze jours au plus.

A la campagne, on n'a pas cette ressource ; il faut, de toute nécessité, faire de grandes lessives, et, comme c'est une opération qui pour être menée à bonne fin demande plusieurs jours, un surcroît de personnel à nourrir et, autant que faire se peut, un beau temps, on ne peut la recommencer souvent. Il y a des familles rurales qui, s'obstinant à conserver les vieilles traditions — et y trouvant même la source d'un orgueil mal placé ! — ne font la lessive qu'une fois l'an, pour les grosses pièces.

C'est là un système tout à fait contraire à l'hygiène du logis et même à celle du linge, s'il est permis de parler ainsi. Dans cet énorme entassement d'étoffes plus ou moins souillées, il se produit des fermentations désastreuses. Je sais que l'on fait tous les quinze jours un « bouillage » pour tout ce qui exige un lavage prompt ; mais ceci n'est que demi-remède au mal.

Faire la lessive tous les trimestres est plus pratique ; seulement, remarquons qu'en hiver, avec le froid, la brièveté des jours, le séchage n'en finit plus, surtout pour les grandes pièces. On est donc forcé de garder les draps, rideaux, couvertures, etc., pour les lessives de printemps et d'été, ce qui oblige à en posséder un stock très considérable, surtout si la maison compte beaucoup de lits... et nous voilà revenues, quoi qu'on en ait, aux armoires remplies de linge.

Il n'y a donc pas lieu à donner ici des chiffres comme base pour l'achat du linge. Chaque famille se comporte suivant les nécessités de sa situation et aussi l'étendue des ressources qu'elle possède pour y faire face.

Je ne puis cependant laisser passer sans le mentionner le reproche fait aux Parisiennes, — et que j'ai vu bien souvent applicable aux provinciales! — de sacrifier aux dépenses de luxe, de toilette et de plaisir, tout ou partie du confortable de la maison et de condamner elles et les leurs à une lamentable pénurie en fait de linge.

Je voudrais croire qu'il n'est pas fondé, car c'est chose honteuse que de placer le désir de paraître et la satisfaction des goûts les plus frivoles au-dessus de la santé, du bien-être et de la dignité de toute une famille. De la santé, car l'hygiène exige que le linge où l'on couche et celui que l'on porte soient fréquemment renouvelés; — de la dignité, car un intérieur où l'on voit aux fenêtres des rideaux gris et enfumés, sur la table une nappe marbrée de taches multicolores, dans les lits des taies d'oreiller graisseuses, — où le chef de famille laisse voir cols et manchettes d'une propreté très douteuse, où les enfants, sous des robes à effet, ont du linge en guenilles, cet intérieur-là est « déclassé ». Il n'inspire que le dégoût et l'indignation contre la maîtresse du logis, que ce soit à sa négligence ou à son incapacité qu'est dû un tel désordre ou, ce qui est bien pis, à son amour pour la parure, amour égoïste et ruineux.

Je voudrais, je l'avoue, voir les familles modernes

revenir un peu aux usages du temps jadis sous ce rapport, et, quand il s'agit de composer un trousseau,
diminuer le nombre des colifichets et des atours, pour
augmenter celui des paires de draps et des services de
table.

Tout le monde sait que, de même qu'il y a des
robes de grande toilette, de demi-toilette et de « tous
les jours », il convient d'avoir, pour le linge de table et
celui du coucher, des séries très fines, fines et ordinaires.
Ce serait un affreux gaspillage que de faire servir
constamment les beaux services en toile damassée, les
draps et taies d'oreillers en toile très fine ornés de
broderies et de dentelles.

J'ai déjà dit à plusieurs reprises que je m'adresse ici
aux intérieurs simplement aisés. Le luxe fastueux des
grandes fortunes n'y est point de mise, et la continuité
d'un ordre sagement établi est bien préférable à des
hauts et des bas qui sont toujours un peu de la
bohême, dorée ou non.

Les parents qui marient leurs filles doivent donc, à
mon avis, prévoir pour elle ce train-train de « tous les
jours » dont, après tout, la très grande partie de la
vie est faite et largement garnir les planches de
l'armoire au linge réservées au service quotidien. La
jeune fiancée elle-même a tout à gagner à se montrer
dès cet instant une ménagère précoce et sérieuse et à
laisser supprimer sans nulle protestation quelque
élégant chiffon qui ne durera que « l'espace d'un
matin ! »

Linge de lit, de table, de service, linge d'office,
depuis la serpillière indispensable aux grossières
besognes des nettoyages jusqu'aux fins torchons

réservés (comme le dit leur étiquette brodée en rouge) aux cristaux et aux meubles, tabliers de cuisine en grosse toile, écrue ou bleue, tabliers de valet de chambre, de femme de chambre, serviettes d'office, essuie-mains, etc., etc., il faut avoir de toutes ces choses et les renouveler assez souvent pour que la domesticité, prise de court, ne se serve pas de chiffons sordides, ou, — ce qui arrive trop fréquemment, ne remplace pas par des serviettes de table les torchons qui lui font défaut.

« Les serviettes de table et de toilette ne doivent servir qu'à la table et à la toilette », c'est là un axiome dont les bonnes maîtresses de maison sont pénétrées et elles exercent une surveillance active, sévère même, pour empêcher toute infraction à la loi, sur ce point.

Il faut, au commencement de chaque semaine, distribuer le linge propre qui sera nécessaire pour la maison, tant pour l'usage des maîtres que pour celui des domestiques et tenir en lieu sûr la clé de l'armoire au linge; c'est le seul moyen d'éviter, ou de diminuer, les larcins et le désordre.

Je vais peut-être soulever bien des récriminations si j'affirme — audacieusement! — qu'une maîtresse de maison soucieuse de l'intérêt de la famille doit compter le linge donné au blanchissage, à sa sortie et à sa rentrée, et l'examiner avant son rangement définitif. Dans ma jeunesse, — elle est lointaine, je l'avoue, — cela se faisait dans la plupart des intérieurs, même riches. Le linge d'une « bonne maison » était chose précieuse et coûteuse. Les procédés mécaniques, beaucoup moins perfectionnés qu'ils ne le sont à présent, ne permettaient pas la fabrication à bon marché. Le fil moins étiré, le travail de tissage plus serré, donnaient des toiles de lin, de chanvre, de coton, infiniment plus résistantes; il y avait donc honneur et profit à avoir de beau linge et à le soigner, car on ne le renouvelait pas sans dépenser beaucoup d'argent pour l'acheter et beaucoup de temps pour le mettre en œuvre.

« Nous avons changé tout cela » et le souci du linge ne prend plus une si grande place, surtout dans les villes, où le blanchissage est meurtrier.

N'importe! dussé-je me poser en sœur cadette de Cassandre, l'infortunée prêtresse dont les Troyens rejetaient si dédaigneusement les conseils, je dirai aux jeunes maîtresses de maison : « Mes amies, n'abandonnez pas à une femme de chambre insouciante ou incapable la direction de votre linge. Ayez le courage de le faire compter devant vous, c'est ainsi que vous pourrez découvrir les sévices dont il est victime : brûlures, taches d'encre, emploi illégitime, etc.

Comptez-le aussi quand il revient du blanchissage; assurez-vous qu'on n'a pas changé vos belles chemises, vos jolis pantalons, contre quelque guenille à bon marché, que vos paires de draps, vos services de table, ne sont pas dépareillés, que le linge de votre mari est au complet.

Faites examiner devant vous, — examinez vous-mêmes, ce qui vaut encore mieux — l'état du linge rendu, les boutons à remettre, les dentelles à recoudre, les reprises à faire, les poignets à changer, etc.

Quand on reçoit le linge sans qu'il soit repassé, cette revision est facile : on a, près de soi, deux paniers réservés à cet usage, l'un contient le linge bon à repasser, l'autre le linge à réparer ; mais à la ville et dans la plupart des intérieurs, soit que la place manque pour les grands repassages, soit qu'on préfère ne pas en prendre l'embarras chez soi, on reçoit de la blanchisseuse le linge tout repassé et l'examen oblige à le déplier légèrement, ce qui est cause que l'on s'abstient, en quoi l'on a tort, car dans une « maison bien tenue » on ne doit pas voir une pièce de bon linge trouée, s'il se peut.

Il n'y a que deux moyens de faire disparaître les trous : des reprises, ou des pièces...

Les familles qui n'ont que de modestes ressources sont bien forcées d'avoir recours à ces louables mais fâcheux expédients.

Je ne puis qu'admirer le patient labeur d'une bonne mère cherchant à prolonger l'existence d'effets que son budget ne lui permet pas de remplacer; mais je conviens que, pour peu qu'il règne une certaine aisance chez eux, les gens bien élevés ne se servent point de linge *rapiécé*, draps, taies d'oreillers, nappes ou linge de corps. Les reprises, très fines, faites avec habileté, sont seules admissibles; du reste, le linge au XXᵉ siècle, est, en général, si peu solide, qu'il supporterait mal les réparations. Ce qu'il faut toujours surveiller de près et réparer aussitôt qu'ils se produisent, c'est ce qu'en style de ménagère on appelle des *clairs*, c'est-à-dire les endroits où le fil aminci rend le tissu mou et lâche. En reprisant les *clairs* à temps, on recule indéfiniment l'apparition des trous.

Voici le linge repassé, bien *séché*, bien plié; — l'art du pliage est une partie importante de celui du repassage ; ce n'est pas ici la place d'en donner les règles ; nous rappellerons seulement ici cette loi essentielle que les pièces de linge appartenant à la même série doivent présenter, une fois pliées, les mêmes dimensions, exactement, ceci est indispensable à l'ordre et à la solidité des *piles*. C'est par piles, en effet, que se case le linge sur les planches des armoires ; les planches devront être disposées de façon à faciliter le rangement et le maniement des pièces.

Je prends comme type une de ces vastes armoires dont j'ai parlé plus haut. On réservera dans le bas deux ou trois planches, dans toute leur largeur, pour les draps. Ils y seront mis par paire, les deux draps formant la paire (portant la même marque et le même numéro d'ordre) pliés séparément d'abord, puis réunis l'un dans l'autre de manière à ne présenter qu'un seul pli.

Toutes les paires de la même série forment une pile, où ces plis sont tous du même côté. Sans cette précaution, la pile présenterait un aspect de désordre désagréable à l'œil.

Pour me faire mieux comprendre, je comparerai la paire pliée en double à un volume relié. Tous les dos sont mis les uns sur les autres, toutes les *tranches* par conséquent se trouveront tournées vers le fond de l'armoire, ce qui protège les ourlets contre la poussière.

Ajoutons que cette observation s'applique à tous les objets de linge, qu'il s'agisse de draps, nappes, serviettes, torchons, mouchoirs ou chemises. Quand on forme la pile, le pli que j'ai appelé *dos* doit se trouver sur le côté du devant et la *tranche* sur celui de derrière.

Il est d'une bonne pratique d'entourer d'une légère enveloppe blanche les belles pièces qui servent rarement. On évite ainsi la désagréable surprise de trouver, au moment où l'on va s'en servir, ces longues traces jaunes que prennent les plis à la longue. Il y a des pays où cette précaution s'impose pour tout le linge, sans exception, la fumée grasse des usines, les menues parcelles de charbon dont l'air est chargé, pénétrant dans les endroits les mieux clos.

Dans les armoires à linge, les planches principales, larges et profondes, sont forcément séparées les unes des autres par une hauteur considérable, disposition qui ferait perdre beaucoup de place si l'on ne remédiait à ces inconvénients par ce que j'appellerai des *demi-planches*, c'est-à-dire une planche large de 20 à 25 centimètres qui fait étagère entre les deux planches principales. On y range les piles de taies d'oreiller, de serviettes de toilette, etc., réservant la grande planche pour les services de table.

La même disposition est à recommander pour l'armoire de « Monsieur ». On y met en bel ordre, sous les yeux et sous la main, les mouchoirs de poche, les paires de chaussettes, etc., tout le menu fretin qui ferait désordre au milieu des grosses pièces.

Le linge d'office doit avoir sa planche à part, ou, mieux, sa petite armoire spéciale.

Un mot, en terminant, sur le linge de « ces messieurs ». C'est un de leurs principaux luxes. Ils n'ont point la ressource, lorsqu'ils veulent « se faire beaux », des velours, des satins, des dentelles, des broderies; une coupe élégante pour le vêtement, un choix heureux pour la cravate et le gilet, et surtout du linge irréprochable, voilà leurs plus grands atours. Aussi, comme ils sont reconnaissants à la dame du logis, femme, mère, sœur ou fille, quand leur armoire est toujours bien garnie et bien rangée!

Je vais, à leur intention, donner quelques petits détails sur ce sujet important. Mes lectrices savent, mais je le leur rappellerai, que le linge empesé craint beaucoup l'humidité, qui le rend mou et flasque. Il faut donc que les chemises, faux-cols, manchettes, soient tenus dans un endroit très sec; les chemises, à plat, — plastron contre plastron. Cette précaution si simple empêche les devants de se défraîchir. Sur la pile, une grosse mousseline, étendue pour la défendre contre poussière et fumée. Les faux-cols et les manchettes seront *arrondis au repassage, tandis qu'ils sont encore chauds*, ce qui leur évite la brisure du glaçage quand on les met et les aide à conserver l'aspect de neuf. On les range dans un carton juste assez large et assez haut pour qu'ils gardent leur forme. Les boîtes où ils sont quand on les achète doivent être conservées pour cet usage.

Ne pas mélanger les cols et manchettes ayant déjà été blanchis avec ceux qui n'ont pas encore servi. Il y a des cas où « Monsieur » aime à se parer de linge tout à fait neuf.

Il faut inspecter très souvent les tiroirs et armoires dudit « Monsieur », parce qu'il a la fâcheuse habitude de déplier pièce sur pièce jusqu'à ce qu'il ait trouvé celle qui lui agrée, ou de rejeter dans l'armoire ses cols et manchettes sales, ou de mettre en tapon le caleçon auquel manque un bouton.

Récriminer et geindre est parfaitement inutile; on l'assomme, on ne le corrige pas; il est cent fois plus simple... et plus dans l'ordre, de remédier au mal.

Ranger à part, dans de petits cartons, les cravates blanches, les mouchoirs fins, tout le petit bagage des jours de gala — officiel ou autres — et veiller à ce que pour les mêmes occasions il y ait toujours un fonds de linge très soigné et prêt à servir.

Tenir au complet la provision de mouchoirs de poche. Nos messieurs en perdent, en salissent, en gaspillent beaucoup, il faut les renouveler souvent et ne pas attendre les reproches de négligence, il est si facile d'aller au-devant d'eux.

C'est par ces menues attentions, répétées chaque jour, que se créent, s'entretiennent et s'accroissent, dans un jeune ménage, ces douces habitudes de confiante et affectueuse estime, lien si fort, si durable et si cher au cœur!

Avant de quitter l'armoire au linge, il est à propos de rappeler que tout n'est pas *neuf*, dans ce qui la garnit.

Un rangement bien compris réserve à chaque catégorie, non seulement comme *sorte*, mais aussi comme âge, une place distincte, et l'on doit adopter un pliage différent pour les serviettes, les torchons, les mouchoirs même, qui appartiennent à la série du vieux linge, faute de quoi, et pour peu qu'ils aient conservé un peu de tournure, on les confond avec les pièces en bon état, et gare aux surprises du dépliage!

Il faut du vieux linge dans une maison, et cela est si vrai que les mères prévoyantes ajoutent toujours au trousseau d'une jeune mariée un petit ballot discret contenant vieux draps, vieilles serviettes, vieux mouchoirs.

Les vieux draps servent d'*alèzes* en cas de maladie,

les vieilles serviettes et les mouchoirs, en cas de pansements grands ou petits et aussi pour nettoyer les bibelots fins, les bijoux, etc.

Les vieilles chemises, les vieilles flanelles, sont bien utiles dans les cas où il est nécessaire de changer un malade sans lui donner de secousses, parce qu'on ne craint pas de les déchirer, de les couper, de les brûler avec des médicaments corrosifs.

Tout ce vieux linge doit avoir passé à la grande lessive. Un savonnage le nettoie mal, le fait jaunir et lui fait prendre mauvaise odeur.

Quand il est bien sec, on l'enferme dans un sac de coutil, solide, épais, bien clos.

Un petit sac de même sorte contiendra les bandes *roulées*, toutes prêtes à être employées en cas de fracture, de foulure, etc. On fait provision de ces bandes lorsqu'on répare des draps fatigués en exécutant le travail que l'on appelle « changement de lé » et qui consiste à rassembler les lisières du bord par un surjet qui deviendra la couture du *milieu* du drap, tandis que l'ancien milieu, élimé et souvent troué, est enlevé sur toute la longueur du drap et sur une largeur qui varie suivant l'étendue des dommages. Un *ourlet* remplace alors la lisière disparue.

Les petits draps ne se prêtent pas à cette opération qui les rendrait par trop étroits, mais les draps de grands lits, ainsi traités, peuvent encore faire bon service pour les lits d'une personne.

* * *

Si, pendant le cours journalier de l'existence, il est à désirer que linge, vêtements, tout ce qui, dans ce genre, sert dans la maison et aux divers membres de la famille, soit, grâce aux soins qu'y apporte la maîtresse du logis, tenu en ordre et en bon état, il est des époques où il faut procéder à une inspection générale des armoires, des tiroirs, des malles, cartons, boîtes, etc., de tout ce qui contient un objet susceptible de détérioration, par le fait de la poussière, de l'humidité, des mites et des souris.

C'est surtout aux changements de saison que cette lourde besogne, comparable aux inventaires qui se font chez les commerçants, est indispensable.

On choisit, pour la faire, un jour bien ensoleillé, afin de pouvoir tenir les fenêtres ouvertes, car il faut aérer largement le contenu et le contenant des armoires.

Commençons par le rangement de printemps, le plus important de tous.

On fait réunir toutes les fourrures, tous les pardessus et robes d'hiver, les tricots de laine, châles, pèlerines, fichus, etc. On les fait battre avec une vergette d'osier, on fait vider les poches, on tâte les doublures pour s'assurer qu'il ne s'est rien glissé entre elles et le dessus, et quand tout est aussi propre que possible, on procède aux soins qui ont pour but de le défendre contre les ennemis qu'attire la chaleur.

Pour les fourrures, il y a deux systèmes : je les expose sans prendre nettement parti entre eux.

1° Celui de l'*air libre* qui consiste à pendre les objets à des portemanteaux, dans une armoire bien fermée, mais sans nulle protection. Il oblige, si on ne veut pas leur faire courir de grands risques, à visiter très souvent les fourrures, à les secouer, à les battre. Cela se pratique chez les fourreurs, qui ont des gens spécialement préposés à ce service, mais est fort compliqué dans une maison particulière.

2° La seconde méthode quand elle est strictement appliquée donne de bons résultats, mais la moindre fente dans les enveloppes peut laisser passer l'ennemi, aussi ténu qu'implacable, qui portera la dévastation partout où il se logera.

On peigne, *très doucement*, avec un démêloir de grosseur moyenne, la fourrure en suivant le sens du poil. Si, pendant cette opération, il se détache des bouquets de poils, c'est que les mites ont déjà commencé leur œuvre néfaste.

Il faut alors frotter la fourrure avec un tampon imbibé de naphtaline, d'éosine, de pétrole même si l'on n'a rien de mieux sous la main, enfin, d'une essence de ce genre. On frotte la peau sur tout l'envers, et, à l'endroit, à la naissance du poil.

Si le peignage n'a rien révélé de fâcheux, on peut procéder à la mise en boîte.

Pour un manchon, on insère au milieu une boule de naphtol (préférable au camphre qui s'évapore à la longue), puis on l'enveloppe dans un morceau d'étoffe blanche, fraîchement lessivé, sans trous, ni fentes. Il faut que le morceau soit assez grand pour enfermer hermétiquement le manchon. On place celui-ci dans son carton qu'on a soigneusement épousseté, on ajoute encore une boule de naphtol, on met le couvercle et l'on finit le calfeutrage en collant une large bande de papier fort sur le bord du couvercle à l'endroit où il s'applique sur le carton.

Quand tous les manchons sont ainsi préparés, on les range sur une planche d'armoire ou de cabinet noir, dans un endroit sec et à l'abri du soleil; au nord, si c'est possible.

Pour les boas, pèlerines, etc., on prend les mêmes précautions que celles énumérées ci-dessus : peignage, enveloppes, boules de naphtol, fermeture des caisses et cartons par des bandes de papier collé sur toutes les fentes qui pourraient laisser entrer l'air du dehors. Ils resteront ainsi jusqu'à l'entrée de l'hiver prochain.

Pour les vêtements, il est très bon d'installer des penderies à l'ombre et au sec dans des armoires ou placards fermés par des portes à coulisses. Une tringle de fer, assez forte pour tenir bon, malgré le poids qu'elle aura à soutenir, supporte les porte-manteaux mobiles auxquels sont accrochés les vêtements. Le modèle classique, à double crochet, est le plus pratique. Le crochet d'en haut s'accroche à la tringle; à celui d'en bas on accroche la ceinture des jupes; les corsages sont portés par les bras du porte-manteau, bien étendus aux épaules pour éviter les faux plis qui se forment.

Même observation pour les vêtements d'homme.

Les robes de grande toilette ont la queue retroussée et rattachée par des épingles (ou mieux des cordons) à l'endroit où est la ceinture. Ces robes, comme les manteaux très riches, en velours, en satin, etc., doivent être protégées par des sacs, amples, longs et légers, qui les couvrent en entier. Si l'on ne veut pas faire les frais d'enveloppes de percaline, les anciens grands rideaux de mousseline brochée sont parfaits pour cet usage.

Les manteaux, jaquettes, costumes, etc., de tous les jours, sont pendus, comme j'ai dit plus haut, et si, faute d'espace, on ne peut avoir plusieurs armoires à sa disposition, rangés dans des caisses avec l'accompagnement obligé des boules de naphtol.

Le pliage des vêtements pour cette sorte de rangement est chose fort importante, car ils restent six mois au moins sans qu'on y touche.

Il est à peu près impossible d'entrer ici dans des détails à ce sujet. Disons, de façon générale, qu'il faut autant qu'on le peut éviter les faux plis, et placer au fond des caisses les vêtements très lourds ou déjà défraîchis, gardant le dessus pour les pièces fines.

La lingerie d'hiver, caleçons, pantalons, camisoles, etc., en flanelle ou en molleton, etc., est lessivée, pliée, enveloppée dans une vieille nappe d'abord, puis mise dans une seconde enveloppe (emploi des vieux rideaux de cretonne), en un petit ballot cousu qu'on range sur les planches en haut des penderies. Les bas de laine, gilets de tricot, gants et manchettes, etc., sont mis de même en ballots avec des boules de naphtol.

Il faut bien se convaincre que tout objet de laine qu'on laisse l'été sans le porter devient un nid à mites qui suffit pour infester toute une maison, et que rien n'est superflu dans les soins que l'on prend pour combattre cet infime et désastreux ennemi.

Les rangements d'été, moins considérables, consistent surtout à mettre en lieu sûr les vêtements de printemps qui ne serviront pas pendant la grande chaleur.

On peut aussi profiter de la longueur des jours, et du soleil, propice à ce genre de besogne, pour faire prendre l'air au linge contenu dans les armoires, défaire les paquets, s'assurer que rien n'est taché, chiffonné, mal en ordre; vérifier le compte des services de table, des paires de draps, taies d'oreiller, etc., voir ce qui est à mettre en service, ou à en retirer pour en faire du vieux linge.

L'automne ramène une série de rangements analogues à ceux du printemps. Il s'agit en effet de caser, soit dans des caisses, soit en ballots, les effets d'été pour leur sommeil d'hiver. Tout ce qui peut se laver, jupes, blouses, jupons, a dû passer au blanchissage, car il ne faut point *enfermer la saleté*, comme disent les bonnes gens. Mais, une fois les pièces *bien sèches* (ceci est de toute rigueur), il ne faut pas les empeser ni les repasser, car l'empois s'altère parfois pendant l'hiver et abîme les étoffes.

Les robes de lainage fin, de soie légère, etc..., vont remplacer, sur les portemanteaux des armoires, les robes d'hiver qui vont revoir le jour.

Il n'y a point de rangements d'hiver, à proprement parler. Tout a dû être fait en ce genre pendant l'automne.

Ces divers bouleversements laissent toujours après eux un stock plus ou moins considérable d'objets usés ou simplement trop démodés pour que même une femme raisonnable puisse continuer à s'en servir sans paraître ridicule ou mécontenter son mari.

A Paris et dans les grandes villes, on a peu d'espace et on diminue forcément la provision des reliquats,

mais en province! à la campagne! quelles réverves
s'entassent!

C'est, disons-le, presque toujours à très bonne intention.

C'est par économie... pour faire resservir plus tard
des pièces démodées qui reprendront une nouvelle jeunesse en changeant de forme et de destination. C'est
pour fournir aux jeunes mamans le moyen de compléter le trousseau ou le linge de leurs bébés sans
bourse délier... c'est pour se créer un fonds à mettre
en œuvre quand on aura des enfants pauvres à habiller, etc... Et les caisses s'emplissent de vieilleries,
et les galetas s'emplissent de caisses, et les vêtements
s'emplissent de... mites et un beau jour tout est à jeter
sans miséricorde.

Engageons donc tout d'abord les maîtresses de
maison sages à ne conserver que ce qui peut être
réellement utile et à donner, pendant que cela peut
faire encore un peu de service, les vêtements mascu-
lins et féminins qui ne sont plus portables par les
membres de la famille.

Les pauvres ne manquent pas, certes! mais encore
faut-il distribuer intelligemment ses largesses. Il y a
des miséreux, et beaucoup, c'est triste à dire, qui ne
voient dans ce qu'on leur a donné qu'un objet
d'échange, et cèdent à vil prix ce qui devait défendre
du froid le vieillard ou l'enfant que l'on a voulu
secourir.

D'ailleurs, dans la garde-robe des gens du monde, il
n'est guère d'effets qui puissent faire de l'usage pour
les pauvres proprement dits... les étoffes sont trop
fines, la façon, les garnitures trop élégantes.

On trouve un très bon emploi de la démise dans les œuvres de secours aux *Pauvres honteux* bien discrètement dirigées le plus souvent par les membres de l'Assistance par le Travail, de l'Hospitalité de nuit ; et enfin pour tout ce qui ne serait pas « offrable » ailleurs, chez les *petites sœurs des pauvres* qui savent tirer parti de tout, même des plus petits bouts de rubans.

L'envoi n'est pas compliqué. Il suffit de faire un ballot portant l'adresse de l'Œuvre à laquelle on le destine... *franco*, cela va sans dire...

CHAPITRE XI

Ouvrages d'agrément.

Parmi les louanges que Salomon donne à la femme forte, nous trouvons celle-ci : « Sa maison ne craint pas le froid et les intempéries, car elle l'a revêtue à l'intérieur de tentures de tapisseries. »

L'art de tisser des nattes et des tapis pour en garnir le sol ou en orner les murailles est certainement l'un des premiers qu'ait connus l'humanité, car il se retrouve chez les peuples les moins civilisés. Son origine remonte aux temps les plus reculés; une tradition constante l'attribue à Noëma, sœur de Tubalcaïn et de Jubal, arrière-petits-fils d'Hénoch, fils de Caïn.

En tous pays, à toute époque, on voit les femmes occupées à ce genre de travaux.

Pénélope passe de longues heures devant le haut métier où s'enroule « la toile », tissu *délicat d'une grandeur immense*[1], où chaque nuit elle défait le travail du jour.

Ulysse chez les Phéaciens, secouru par la gracieuse

1. *Odyssée*, chant VI.

princesse Nausicaa, reçoit d'elle ces instructions : « Dès
que vous aurez atteint le palais et la cour, traversez
aussitôt les appartements pour arriver jusqu'à ma
mère; vous la trouverez assise près du foyer, à la lueur
de la flamme, filant, appuyée contre une colonne, des
laines de pourpre d'une admirable beauté[1] » et plus
loin : « Dans le vestibule du palais se trouvent des
sièges affermis le long de la muraille. On les avait
recouverts de tapis fins et bien tissés, c'était l'ouvrage des femmes. »

Les tapisseries, les voiles brodés, les vêtements ornés
de riches bordures, tiennent une grande place dans le
luxe romain et plus tard dans le luxe byzantin.

En Gaule, avec l'invasion des Barbares disparaissent
momentanément tous les raffinements de la vie et surtout ceux qui se rattachent à l'ornementation de l'intérieur.

Les grossières demeures des rois mérovingiens,
demi-fermes, demi-forteresses, ne prêtent point aux
somptueux décors. Clotilde, la princesse bourgui-
gnonne, et Brunehaut, élevée à la cour noble et fastueuse de son père, le roi des Visigoths, durent cependant apporter avec elles des tissus précieux et des
tentures artistiques.

Sous Charlemagne, les relations avec l'Orient ramè-
nent le goût des belles étoffes qui va toujours croissant;
pendant tout le moyen âge les châtelaines, les reli-
gieuses, s'efforcent de remplir leurs loisirs par des travaux d'aiguille.

Mes lectrices connaissent toutes, je pense, la tou-

1. *Odyssée*, chant VII.

chante histoire de la tapisserie de Bayeux, exécutée, dit-on, par Mathilde, femme de Guillaume le Conquérant, pendant l'expédition qui devait donner à son mari le royaume d'Angleterre.

C'est plutôt une broderie qu'une tapisserie, et le travail est si colossal qu'il semble au moins douteux qu'il ait pu être accompli pendant la vie de la princesse, et même avec l'aide de ses femmes.

Qu'on en juge par ces chiffres dont le simple énoncé parle avec une singulière éloquence.

L'immense toile de soixante-dix mètres de longueur sur cinquante centimètres de largeur porte soixante-douze scènes.

On compte, tant dans ces scènes que dans la bordure, 623 personnages divers, 202 chevaux et mulets, 55 chiens, 505 autres animaux, poissons, oiseaux, etc., 37 édifices, 41 barques et vaisseaux, 49 arbres, plus des inscriptions latines et une foule d'ornements.

Au siècle suivant, le progrès est si rapide, qu'au temps de saint Louis, l'art des broderies en or et argent, des tapisseries, sait déjà produire de véritables chefs-d'œuvre.

Dès lors il va toujours en augmentant et les merveilles créées par l'industrie féminine n'ont plus de limites.

Points de toute sorte, guipures, dentelles, tapisseries, broderies, atteignent un si haut degré de perfection, que nous en sommes réduits encore à les copier servilement.

La Flandre, la Hollande, l'Italie, rivalisent de génie inventif. Dans les couvents, chez les grandes dames, d'infatigables travailleuses penchées sur les métiers, sur les carreaux à dentelles, font naître des prodiges de goût, de patience, de délicatesse d'exécution.

On peut s'en faire une idée en admirant les broderies en relief faites par les demoiselles de Saint-Cyr pour la chambre de Louis XIV à Fontainebleau.

J'ai vu, il y a trente ans, dans un vieux château de Savoie un mobilier de salon à la famille C. de B... il avait dû user plusieurs vies de femmes : qu'on en juge !

Il comptait deux grands canapés, douze fauteuils, autant de chaises, couverts de tapisseries au *petit point*, en soie.

Le dessin, exécuté en brun, terre de Sienne, sur un fond blanc (maintenant d'un beau ton d'ivoire jauni), représentait des paysages, des ruines antiques, dans le goût de la fin du xviii° siècle.

L'effet général semblerait aujourd'hui un peu sec et mesquin, mais la perfection du travail, le bon goût et la correction artistique des sujets, imposaient une admiration sans mélange.

Que de jours, que de mois, que d'années, avaient passé dans l'accomplissement de cette immense tâche ! Que de fois les châtelaines pensives, l'aïeule au front couronné de cheveux blancs, la mère au visage soucieux, les jeunes filles souriant à la vie, avaient vu le soleil couchant empourprer la neige des Alpes, ou réveiller lentement la vallée au voile de brume !

Il n'y avait pas de chemins de fer en ces temps-là, ni de billets de parcours !

La cour de Piémont était bien loin, la traversée du mont Cenis ou du Petit Saint-Bernard, hérissée de dangers. On naissait, on vivait, on mourait, à l'ombre des tours du château paternel; la toilette ne demandait pas beaucoup de temps ni de soins; le lawn-tennis, la bicyclette, n'étaient même pas soupçonnés; la messe de grand matin, quelques visites de charité, quelques lectures dans les bouquins de la bibliothèque, de loin en loin une excursion à Chambéry ou chez les nobles alliés ou parents, un tel plan de vie laissait bien des espaces vides... et bien des heures à passer devant le grand métier à pieds tournés en bois de noyer!

bouleversements amenés par la Révolution, l. ration des vieilles familles et leur ruine, la dispersion des foyers, et, plus tard, les folies héroïques, la vie enfiévrée du Premier Empire, n'étaient guère propices à un genre de travaux qui demande du calme et de la liberté d'esprit.

L'impératrice Joséphine cependant, créole élégante et raffinée, remit en honneur les jolies broderies sur tulle et sur mousseline des Indes. Il reste de cette époque aussi de très belles broderies en soie et en fil d'or sur drap, pour sièges et tapis de table.

La Restauration vit commencer la vogue des interminables broderies au plumetis sur mousseline et batiste avec des « rivières » de fil tirés, des points à jour faits avec du fil à dentelle...

On employait des aiguilles n° 10, du coton n° 11 ou 12, chaque point demandait avant de s'aligner d'infinies précautions; tout était une affaire : le calque du dessin qu'on achetait imprimé en traits épais sur du papier jaune, le « montage » de l'ouvrage sur un papier bleuté (remplacé plus tard par la toile cirée verte), le « tracé et le bourrage » d'où dépendaient la bonne tournure du motif.

Les moralistes et les médecins du temps déploraient en vain « les longues heures passées à compter les fils d'un point à jour, ou à aligner les points d'un feston » au grand détriment de la vue, de la santé et du développement intellectuel.

Les anciens ouvrages d'art, la guipure, la dentelle aux fuseaux, les applications de galons, de paillettes sur étoffes, étaient délaissés comme « antiquailles ». La tapisserie même, livrée au plus complet désordre, et en même temps à une rare pauvreté d'invention, ne comptait plus que de rares adeptes, et quelles œuvres elle enfantait !

C'était un chat ou un chien (quel chien et quel chat !) accroupi sur un coussin vert ou un coussin rouge, un bouquet de roses, un bouquet de pensées, une corbeille de fleurs, un berger et 'a bergère, inouïs, fabuleux de forme et de couleur !

Et cela dura une bonne quarantaine d'années, car il fallut, pour ramener les saines traditions en fait d'ouvrages féminins, cet engouement réel et durable pour les *antiquités* qui aura marqué les dernières années du XIX° siècle.

Mes contemporaines, mères ou grand'mères de mes lectrices, se rappellent certainement les hideux chefs-d'œuvre perpétrés par nous et nos pareilles dans notre jeunesse sous le nom générique de *petits ouvrages*.

C'était des abat-jour en percale effilée ou en papier découpé, chiffonné, frisotté, bons à jeter au panier au bout de quinze jours, des allumettes en saule, d'un joli effet décoratif, mais vouées comme les abat-jour à la poussière et aux mouches !

Dans le même ordre d'idées, des fleurs en papier,

dahlias, reines-marguerites, œillets, raides comme des aiguilles à tricoter, des tapisseries à tons crus, hurlant de se trouver ensemble, sautant aux yeux, vous poursuivant d'impitoyables lignes géométriques, des ouvrages au crochet avec d'immenses trous et du coton molasse...

Et la potichomanie!... Je me félicite, je me glorifie, ce sera un baume pour ma vieillesse d'avoir échappé à la potichomanie.

Je l'ai vue sévir avec rage autour de moi, mais le fléau a respecté ma jeunesse et mon innocence, et je ne suis pas même coupable d'un porte-allumettes!

Une paire de potiches grand modèle et d'un beau dessin coûtait, une fois terminée, de quarante à quatre-vingts francs! oui, vous avez bien lu, *quatre-vingts francs* pour un objet fragile que le moindre choc pouvait briser, et dont la lumière du jour avait fait peu à peu disparaître toutes les teintes, au bout de quelques mois!

Il y avait assurément des objets moins chers, et pour une dizaine de francs on pouvait poticher, mais c'était misérable!

La potiche était en verre blanc, assez large d'embouchure pour que l'on pût y passer la main, voire même le bras.

Les fournitures consistaient en feuilles de chromolithographies, fort chères à cette époque, et représentant, sans la moindre fantaisie ni couleur locale, des chinoiseries, personnages, paysages, fleurs, oiseaux, etc... Il y avait aussi des sujets étrusques et pompéiens.

On découpait les motifs, on les enduisait sur l'endroit d'eau gommée, puis on les appliquait à l'intérieur du vase en appuyant fortement, de façon à ce que le verre adhérât sans lacune au papier.

On les disposait en motifs plus ou moins rapprochés et groupés avec art autant que possible.

Quand le tout était sec, on posait un enduit, sorte d'émail épais, bleuâtre ou verdâtre, destiné à figurer la la porcelaine.

Cette opération fort difficile effrayait les novices ou les timides qui envoyaient leurs potiches chez les professionnels pour faire poser les fonds.

***

La manie, que dis-je? la frénésie des « ouvrages d'agrément » sévit dans certains intérieurs, surtout en province, où les journées sont longues et les distractions peu nombreuses.

L'art assurément n'y gagne guère et le confortable non plus, car cette ornementation compliquée, ces nœuds, ces pompons, ces franges, ces broderies, ces fleurs, ces dentelles, brisent les lignes et arrêtent le regard déjà agacé par l'abus des bibelots.

Les meubles couverts de tentures, de draperies, de coussins, finissent par ressembler à un étalage de grand magasin, on craint de faner, d'écraser, de froisser toutes ces jolies (?) inventions, et l'on cherche des yeux, sans les trouver, quelque bon fauteuil, quelque simple chaise, où s'installer commodément ne soit pas un crime de lèse-fanfreluches.

Le temps, le soleil, la poussière, ont d'ailleurs assez

vite raison de ces puérils décors; les rubans passent, les dentelles se salissent, emmagasinent tous les atomes volants; si on essaye de les en dégager, la brosse effiloche laines et soie, et au bout de peu de temps, de quelques mois à peine, un ouvrage, qui a demandé beaucoup de travail et coûté pas mal d'argent, n'est plus bon qu'à alimenter le panier aux chiffons.

C'est là une perte appréciable, surtout pour les personnes peu habiles qui, incapables de « lire » correctement un dessin, ou de copier un modèle, se servent de travaux échantillonnés, toujours vendus fort chers.

Comme toute médaille a sa face aussi bien que son revers, ceci a l'avantage de faire vivre beaucoup de femmes, très méritantes, ouvrières ou dames du monde tombées dans le malheur, qui trouvent des ressources sérieuses dans le travail d'échantillonnage; mais, d'un autre côté, le budget de ménage, à l'article *Divers*, est grevé plus lourdement qu'on ne pourrait le croire par ces achats sans cesse renouvelés de « fournitures pour travaux d'agrément ».

Voilà pourquoi je vais tenter d'indiquer à mes lectrices, d'abord la sélection raisonnable, la sélection artistique et pratique à la fois, à faire entre les genres de travaux d'agrément, puis, ce point établi, la manière de les conduire, de les exécuter de façon à ce que la dépense faite soit en proportion avec le résultat obtenu.

Je n'hésite pas à le proclamer tout de suite : sont à bannir « d'une maison bien tenue » tous les ouvrages à bon marché imitant plus ou moins les beaux modèles des maisons renommées en ce genre.

Le dilemme est là qui vous tient dans ses pinces : Si une large aisance vous permet les fantaisies, pourquoi déshonorer votre intérieur par de hideux ou ridicules objets ?

Si vous n'avez ni assez de temps ni assez d'argent pour vous donner des choses jolies et durables, sachez vous en priver ou du moins en diminuer le nombre.

Il y a beaucoup de choses dont on ne peut se passer, du moment que l'on a une certaine situation dans le monde, mais on peut toujours ne pas encombrer son appartement de colifichets inutiles.

Je dirai donc : étant donnée la somme que vous pouvez consacrer aux ouvrages d'agrément, employez-la à de beaux objets faits d'après de beaux modèles et avec des fournitures de qualité supérieure.

Ne vous laissez pas séduire par des idées d'économie mal entendue, qui vont juste au rebours de leur but.

Un exemple : Il y a des personnes qui, pour épargner le temps et la laine, font de la tapisserie, non pas au point croisé, mais au point lancé en dessous, c'est-à-dire en tendant un fil sur lequel on croise la rangée supérieure des points.

Ceci donne mauvaise grâce à l'ouvrage qui se tire tout de biais dans un sens, et, inconvénient plus grave, le fil de dessous s'use très vite, et au bout de peu de temps le blanc du canevas apparaît. C'est de la besogne de pacotille.

Quelles leçons nous donnent sur ce point nos aïeules ! Il faut voir ces tapisseries d'il y a un siècle, à points serrés sur canevas toile, à envers noué solidement, pour se rendre compte de ce que doit être un ouvrage destiné à braver les ans !

Autre exemple : Les roues ou rosaces au crochet eurent leur vogue, mes contemporaines s'en souviennent.

Que de couvre-lits, que de dessus d'édredons, de dessus de fauteuils, furent exécutés en ce temps-là ! Les bien avisées employaient de beau cordonnet de coton, d'un numéro moyen avec un crochet soigneusement assorti. Les pressées de jouir, les économes, prenaient du *gros* coton pas cher, un *gros* crochet, un modèle à grands trous, avaient fini bien avant les autres, mais, au premier blanchissage, quel spectacle d'horreur que leurs hâtifs chefs-d'œuvre !

Les femmes sensées et qui entendent l'économie avec intelligence ne tombent point dans ces erreurs. Elles savent la vérité de l'adage : « Le temps ne respecte que ce qui a été fait avec lui » et accordent à leurs travaux d'agrément « times and money », le temps et l'argent nécessaires pour exécuter une œuvre belle et solide.

Elles proscrivent aussi ces ouvrages de fantaisie qui, par leur genre même, sont voués à une destruction prompte et inévitable.

Tels sont, entre autres, ces travaux en tricot de laine dont les teintes passent si vite, et dont les vers font leurs délices.

Il y a cinquante ans, ils étaient en grande faveur; point de salon bourgeois qui n'eût son ou ses tapis de mousse en laine verte détricotée,... ils étaient émaillés de fleurs ! oui de fleurs en laine, marguerites, coquelicots, boutons d'or, posés avec une impeccable symétrie.

Au même ordre appartiennent les poufs, les brioches, les coussins au crochet ou au tricot, nids à poussière, couveuses à mites.

Tous les paniers, corbeilles, porte-allumettes, pelotes, etc., en petits rubans, en papier froissé, rentrent dans cette catégorie d'objets qui ne sont jolis qu'au moment où l'on vient de les faire et ne sont utiles qu'à amuser les fillettes.

Il y a des ouvrages que je n'hésite pas à qualifier carrément, brutalement, d'ouvrages *bêtes*. Tels sont ceux qui exigent une dépense quelconque de temps ou d'argent pour n'arriver qu'à un résultat éphémère et sans valeur artistique. Plus ils sont coûteux, plus ils sont absurdes, puisqu'ils constituent un véritable gaspillage de forces vives.

Tout ouvrage qui n'a en lui-même aucune source de beauté durable doit être proscrit par les gens de goût.

OUVRAGES DE TAPISSERIE

Ils sont au premier rang parmi les travaux féminins; j'en ai vu qui étaient de véritables œuvres d'art, mais, hélas! on n'en peut dire autant de tous!

Le discernement des styles, la science des couleurs, le sentiment de la ligne, font trop souvent défaut aux travailleurs, surtout en province. On copie d'exécrables modèles conçus en dépit de toute esthétique, on s'acharne à reproduire des nuances criardes, des effets violents de tons qui se heurtent, un décor grotesque où l'on a ainsi employé en pure perte beaucoup de temps et d'argent.

On peut m'objecter que le goût du beau, l'art de bien choisir, ne sont le fait que d'une élite, appelée, soit par des dispositions naturelles, soit par une éducation artistique soignée, à reconnaître promptement la bonne voie. J'admets ceci sans contestation, et, comme cet article ne doit point trop s'éloigner des sentiers pratiques, nous supposerons que l'on a fait un choix judicieux, que le dessin, les nuances, le style adopté, conviennent au genre du meuble, à sa forme, à l'endroit qu'il doit occuper, à l'emploi auquel on le destine; qu'on n'a pas pris, pour couvrir un fauteuil Louis XV, les majestueuses fleurs du style Louis XIV ou les guirlandes un peu raides du style Empire; qu'on ne mettra pas un fond bleu pâle ou vert tendre à une fumeuse, ou des tons passés à un pouf oriental, qu'en un mot on se sera gardé de tout barbarisme, de tout solécisme même.

Reste la question d'exécution.

Je ne saurais trop engager mes lectrices à ne prendre pour ces grands ouvrages qui dévoreront une part de leur vie que des fournitures de premier ordre : laines de teintes fines et solides, canevas renforcé, soies sans mélange de coton. La bonne qualité des matériaux employés assure la durée de l'œuvre.

On est obligé de prendre une assez grosse provision de laine d'un coup quand il s'agit d'un ouvrage considérable, fauteuil, chaise ou longue bande, car il ne faut pas s'exposer à se trouver à court d'une nuance qu'on ne pourra plus trouver dans le commerce. Or ces provisions de laines sont vouées à plus d'un danger. L'air passe les nuances et *feutre* les fils, les mites causent de terribles ravages.

Les écheveaux seront donc laissés en bloc, enveloppés dans un papier épais, bien ficelés, tels qu'ils sont livrés par les marchands, on n'en prendra que deux ou trois petits pour le courant du travail ; on dévide ceux-ci *très légèrement* sur de petits cartons carrés.

La vieille coutume usitée pour la laine de Saxe, de couper un écheveau en deux et de l'insérer dans une sorte d'étui de papier, est inapplicable à la laine de Hambourg, toujours prête, comme je viens de le dire, à se feutrer et à se *gripper*.

Il est bon de consacrer à ses ouvrages de tapisserie un tiroir spécial, ou même une caisse à couvercle *emboîtant*, doublée de papier pour empêcher la poussière et les insectes d'y pénétrer. On y range les ouvrages finis et non montés, les ouvrages en train, les modèles, les paquets de laine, et on y glisse quelques boules de naphtol. De temps en temps d'ailleurs, il est prudent de visiter ses tapisseries.

Les bouts de laine, les pelotons entamés, auront aussi leur petite boîte, établie avec les mêmes précautions que la grande ; le tout sera rangé dans une chambre au nord et à l'abri de l'humidité.

Bien que je ne veuille point faire un article « d'ouvrages à l'aiguille », je crois que quelques observations sur l'emploi des ouvrages de tapisseries seront de mise ici.

Il est un peu restreint maintenant, et certains ouvrages, qui faisaient les délices de nos mères, tels que pantoufles, calottes, bretelles, ronds de serviettes, vide-poches, etc., sont totalement passés de mode, mais on trouve encore dans l'ameublement de nombreuses occasions d'exercer son goût et son habileté.

Les coussins, les bandeaux de cheminée, brise-bise, cordons de sonnette (une bien vieille mode qui revient), petits tapis avec points variés, pochettes à ouvrage, etc., etc., offrent un champ varié a la fantaisie et à l'imagination.

Les bandes de tapisserie au bord des rideaux sont un très bel ornement. Elles ont été très à la mode pour des sièges, on en a même abusé. On est revenu maintenant à des idées plus saines, on ne les prodigue plus à tort et à travers, on les réserve pour les sièges sans bois apparent; pour les autres, on emploie des pleins : guirlandes, sujets ou semis, dont il faut soigneusement assortir le style à celui du bois, chaise, fauteuil ou tabouret.

Les tapis de table et les tapis de pieds, foyers ou carpettes, ne sont point une heureuse invention. Ils sont très longs à faire, coûtent fort cher, et l'on est tout étonné de voir qu'après tant de peine et de frais, on n'a obtenu en somme qu'un résultat mesquin au point de vue décoratif. Le point carré est trop lisse, trop tiré, rien ne vaut sur le sol le velouté, le moelleux d'une belle moquette (ceci ne s'applique pas toutefois aux tapis de chapelles et d'oratoires faits par carrés séparés avec de la laine et du canovas *très gros*, et qui constituent un fort bel ouvrage).

Pour les tables au contraire, l'épaisseur de la laine et du canovas donne un effet lourd et disgracieux. Néanmoins il y a une combinaison qui concilie toutes les discordances pour ce dernier emploi, c'est de faire le dessus de la table en étoffe unie, drap, velours ou peluche, et le bord du tapis en tapisserie; soit que l'on adapte la forme emboitante, la meilleure à mon avis, soit qu'on s'en tienne au classique carré, on obtiendra toujours un bon résultat.

Les soies pour broderies ou tapisseries sont aussi difficiles à conserver que les laines. Si elles n'ont rien à craindre des mites, elles sont exposées à cette très fâcheuse maladie que l'on appelle « piqûre ». C'est une sorte de moisissure qui enlève la couleur et sème de taches blanchâtres ou noirâtres les objets qu'elle atteint.

Pour en défendre les soies, il faut envelopper écheveaux et cartes dans du papier très fin et les serrer dans une boîte bien fermée, placée dans une armoire bien sèche en toute saison.

La petite provision destinée à servir immédiatement doit être mise dans un sac ou une corbeille à l'abri de la lumière qui fait passer les teintes.

Ce dernier mot amené sous ma plume me remet en mémoire un phénomène d'optique que j'ai vu se renouveler plus d'une fois, et que je veux signaler à mes lectrices pour leur éviter l'ennui d'avoir à défaire un grand bout d'ouvrage.

Il arrive que deux laines qui semblent exactement de la même couleur à la lumière du jour soient absolument dissemblables à la lumière artificielle.

C'est surtout dans les tons gris et beige que ce fait se produit; de sorte que vous pouvez avoir travaillé toute une journée à un fond, par exemple, croyant vous être servie de la même laine, et que, le soir venu, vous vous apercevez avec stupeur qu'un de vos gris est fauve et l'autre violacé. Le seul moyen de parer à cet inconvénient, c'est, comme je l'ai dit plus haut, et pour les fonds surtout où la moindre nuance fait tache, de prendre d'un coup une forte provision de laine ou de soie.

Les soies et laines blanches, ou de teintes très claires et très fines, doivent, pour éviter les altérations, être enveloppées soigneusement et « à part », même pour celles destinées à un emploi immédiat.

OUVRAGES EN FIL

Un des avantages des ouvrages en fil, c'est qu'ils coûtent assez peu comme matières premières. C'est, va-t-on me dire, prendre la question par un petit côté : il a son grand mérite, ce petit côté ; supposons un intérieur où il y ait trois femmes, la mère et deux filles, ayant toutes trois la passion des ouvrages d'agrément. Il est certain que si cette passion se cantonne dans les broderies d'art, ou même dans la tapisserie de haut style, le prix des fournitures atteindra promptement un chiffre très élevé, tandis que les guipures, dentelles au fuseau et au crochet, filets brodés, etc., ne réclament que quelques écheveaux de fil ou quelques pelotes de coton.

Les soins d'ordre à prendre en ce qui les concerne sont d'employer des matériaux de première qualité, de les tenir enfermés à l'abri de l'air dans des boîtes *ad hoc*, de réunir dans un carton les échantillons exécutés, dans un autre les dessins et indications. J'en dirai autant pour les ouvrages au point de croix, charmants travaux qui apportent une large contribution à l'embellissement de la demeure et à celui des vêtements.

OUVRAGES DE LAINE AU TRICOT ET AU CROCHET

Mêmes soins, mêmes rangements que ci-dessus ; mais employer de préférence des petites caisses garnies de papier bleu à l'intérieur, et fermant par un couvert bien clos, soit à coulisse, soit emboîtant. Y mettre du naphtol ou du camphre pour éviter les mites.

Les outils de travail, aiguilles, navettes, crochets, ont pour principal ennemi l'humidité qui rouille l'acier et fait « jouer » le bois.

Si l'on veut les conserver en bon état, il faut donc les tenir dans un tiroir ou un coffre bien sec ; les aiguilles à tricoter réunies en faisceau lié solidement, les crochets dans des boîtes ou des étuis à leur taille... les moules, il y en a de tant de sortes ! mis ensemble dans un carton.

Toutes ces précautions coûtent fort peu de temps et en épargnent beaucoup.

L'économie y trouve aussi son compte puisqu'il faudrait renouveler les objets détériorés ou perdus.

BRODERIES D'ART

Le goût est fort heureusement revenu à ces splendides travaux que l'on appelle broderies d'art. Ils sont coûteux et laborieux, mais pour les personnes qui peuvent se l'accorder sans dépasser les limites de leur budget, ils sont un très beau luxe.

Répéterai-je pour la centième fois (je suis vieille et

j'ai un peu le droit de radoter) que là surtout, il ne faut pas viser aux petites économies ; drap velours, satin, étoffes brochées, galons, fils d'or fin, cordonnets de soie, chenilles, etc., que tout soit non seulement bon mais excellent ; c'est une condition absolue pour le succès et la durée.

Je n'ai point à revenir sur le choix des teintes, des dessins, des styles, etc., tout ce que j'ai dit plus haut à propos de la tapisserie trouve son application ici.

Il en est de même des soins à prendre pour l'emploi et la conservation des matériaux et des ouvrages ; j'ajouterai seulement que j'engage les travailleuses à conserver, étendus bien à plat dans un carton ou une boîte, les moindres bouts des chiffons précieux qu'elles ont mis en œuvre. Cela sert toujours de façon ou d'autre. Il y a une foule de jolies babioles, pelotes, sachets, couvre-livres, etc., qui utilisent les plus petits morceaux.

Il est bon d'avoir des boîtes ou au moins des compartiments séparés, pour les morceaux de laine, drap ou velours et peluche, ceux de soie, les galons métalliques, les franges, rubans, etc., car tout mettre pêle-mêle est aussi dommageable à la conservation des objets qu'au bel ordre d' « une maison bien tenue ».

Et pour finir, au risque d'allonger ce chapitre, déjà bien long, je veux donner à mes lectrices le régal d'un petit morceau très peu connu et qui les intéressera, je l'espère, autant qu'il m'a intéressée moi-même.

Je l'extrais d'un curieux recueil d'anecdotes publié à Bruxelles en 1785 sous les initiales : M. D. L. P.

« On a remarqué depuis peu au château de Maintenon un écran dont on va donner la description :

« Il est rond et couvert d'une étoffe d'or sur laquelle est brodé un soleil d'où partent seize rayons, et on lit sur chacun d'eux les mots suivants aussi brodés sur l'étoffe :

Majesté,
Autorité,
Magnificence,
Libéralité,
Puissance,
Diligence,
Vivacité,
Éloquence,
Belle-taille,
Bonne-mine,
Corps infatigable,
Modération,
Sagesse,
Bonté,
Justice,
Valeur.

« A l'extrémité sont des petites cases couvertes d'une feuille de talc; elles sont au nombre de seize et renferment chacune quatre vers :

I

Si pour disputer l'avantage
Les rois s'assemblaient une fois,
La *majesté* de son visage
Le ferait juger Roi des Rois.

II

Par le bruit de son équipée,
Ses terres et les étrangères,
Comme à des arrêts salutaires,
Cèdent à son *autorité*.

III

Mais son ample *magnificence*,
Passe au-delà de tous désirs.
Tous ont part à son abondance,
A ses pompes, à ses plaisirs.

La lecture des seize quatrains pourrait sembler fas-
tidieuse, ils sont tous du type des trois premiers que
nous donnons ci-dessus et contiennent la glose d'un
des mots brodés sur les rayons.

« Enfin, autour de cet écran, sont encore brodés ces
vers qui forment une espèce d'exergue :

> Louis en terre est radieux,
> Comme le soleil dans les cieux,
> Et ses brillantes qualités
> Sont ses rayonnantes clartés.

Et voilà comment, il y a trois siècles, l'adoration
quelque peu fanatique inspirée par un grand roi se tra-
duisait sous toutes les formes, même celle bien inat-
tendue d'un « ouvrage d'agrément ».

TABLE DES MATIÈRES

Coulommiers. — Imp. PAUL BRODARD. — 166-1901.

Librairie Armand Colin, 5, rue de Mézières, Paris.

L'Art de Vivre, par M. GUSTAVE SIMON, avec

une préface de M. JULES SIMON. 1 volume in-18 jésus,
broché. **3 50**

Michelet prétendait que si l'on meurt c'est parce qu'on le
veut bien. Dans ce paradoxe fantaisiste, il y a une bonne part
de vérité : Si l'homme ne peut pas échapper à la mort en fin
de compte, il dépend de lui du moins de lui résister très
longtemps.

C'est là précisément ce que le docteur G. Simon s'est attaché
à mettre en évidence. Pour éviter l'aridité d'un exposé dogma-
tique, il raconte l'histoire d'une femme à partir du moment
où elle dirige le foyer domestique, et il intercale dans son
récit les règles qui doivent présider à l'éducation physique,
intellectuelle et alimentaire. Il signale, pour les combattre,
nos erreurs, nos préjugés et nos routines. Il trace ainsi les
lignes directrices d'une vie dirigée par une intelligente hygiène.

(*Revue Bleue*).

L'Enseignement de l'anti-alcoolisme,

par M. le Dr GALTIER-BOISSIÈRE. 1 volume in-18 jésus,
broché. **1 50**

Ce petit ouvrage est assez simple et assez clair pour convenir
à un enseignement populaire; et il est en même temps assez
sérieusement documenté pour vivement intéresser des lecteurs
d'une culture différente, mais trop souvent ignorants de cette
importante question de l'alcoolisme.

Il contient tous les renseignements sur le rôle des boissons
dans l'alimentation, sur leur fabrication, leurs falsifications,
et les maladies que peut entraîner leur abus. L'auteur étudie
ensuite les conséquences morales et économiques de l'alcoolisme, et les moyens de le combattre. Après avoir examiné
les lois et projets relatifs aux alcools; il donne quelques
extraits d'articles d'écrivains connus sur l'alcoolisme.

Des figures caractéristiques illustrent le texte, particulièrement dans la partie scientifique.

N° 119.

Notions élémentaires d'Hygiène pratique, par M. le Dr GALTIER-BOISSIÈRE. 1 vol. in-18 jésus, broché. 3 50
Relié toile. 4 »

On se porterait à merveille si l'on suivait la moitié des conseils de M. Galtier-Boissière. Son livre est très aisé à manier, et avec cela très complet; précieux pour les valétudinaires, intéressant et même amusant pour les gens bien portants.

Dans la première partie, les règles fondamentales de l'hygiène sont exposées avec de claires prescriptions. Une large place est faite à l'enseignement par les yeux : collaboration indispensable pour rendre claires et concises les descriptions. Les données d'anatomie, de physiologie, ainsi comprises et allégées de toute expression technique, le lecteur se trouve initié en quelques lignes au fonctionnement de nos organes.

L'ouvrage se termine par une foule de renseignements de première utilité et un petit lexique on ne peut plus pratique.

Curiosités de l'Histoire naturelle, par M H. DE VARIGNY. 1 vol. in-18 jésus, broché. 3 50

L'auteur a rassemblé dans ce recueil mille particularités curieuses et peu connues, réunies par lui au cours de ses études et de ses lectures. On y trouve sur l'univers, sur la terre, sur les hommes et les animaux qui la peuplent, sur les plantes qui la parent, des renseignements d'une sérieuse valeur scientifique et d'une forme agréable qu'il serait bien long d'aller chercher dans nombre d'ouvrages et de revues. Si surprenantes que soient les merveilles décrites par M. de Varigny, il ne cite ou n'avance pas un détail qui ne repose sur la parole autorisée d'un voyageur ou d'un savant moderne.

Les *Curiosités de l'Histoire naturelle* forment un livre attrayant, bien fait pour donner aux jeunes gens le goût de la science et pour compléter utilement les connaissances qu'ils ont pu acquérir. A tout âge on pourra le lire, et il n'est pas de bibliothèque où il ne puisse trouver sa place.

N° 602.